陶行知：世界教育大师

周洪宇

（十三届全国人大常委、湖北省人大常委会原副主任、中国教育学会
副会长、华中师范大学教育学院教授、博士生导师）

陶行知先生是一位世界教育大师。为什么说先生是世界教育大师？先回答什么是教育家，什么是一流的教育家这两个问题。我个人认为，作为一个教育家，尤其是作为一个一流的教育家，甚至作为世界教育大师，他必须至少符合五个方面的标准。

第一，教育家必须具有远大的教育理想和信仰，没有具备远大的教育理想和信仰的教育工作者，谈不上是教育家。

第二，教育家必须长期从事教育实践活动，而且这个长期的教育实践活动必须一直是第一线的。

第三，教育家必须具有原创性的教育理论或者学说。原创性的教育理论和学说里面有哪些因素？首先要基于一个核心的哲学范畴，是从哪个角度作为理论的逻辑起点，进而产生一系列的教育思想和教育主张，最后形成一个完整的教育理论体系，或者更高层面的体系，更完整的学术体系。

第四，教育家必须在教育实践工作中培养大量的优秀人才，而且这些人才一定是各方面的人才。不论是实践还是理论探索，培养的人才要得到社会各界的公认。

第五，教育家必须要有人格魅力、人格力量、人格精神，要能够影响到教育、社会乃至人类。

从这五点来说，先生就是一位一流的教育家。他开展了丰富多样的各类教育实践，包含七大教育运动，平民教育、乡村教育、普及教育、国难教育、战时教育、全面教育、民主教育；办了四大教育机构，晓庄师范、山海工学团、育才学校、社会大学。

时至今日，先生的教育思想和教育实践仍具有很强大的价值和作用，他的战略思维、全局观念、责任意识，深刻影响着我国的教育发展。

先生提出的理论，可以概括为"生活教育学"。20 世纪 90 年代，我在协助我的硕士生导师董宝良老师编《陶行知教育学说》的时候曾建议，先生的教育思想不能和一般的教育家混同、等同，他比一般的教育家站得更高、想得更深、看得更远，他的理论体系和构架相当完整。先生在大量教育实践的基础上，提炼出他的教育思想——生活教育学说，包括三大哲学原理和若干个重要的教育主张，具体说，三大教育哲学原理是生活即教育，社会即学校，教学做合一。

在研究中，我们会发现先生的生活教育和杜威的生活教育在很多地方是相关和相同的。作为杜威的学生，先生在晚年也讲到，他的生活教育的来源有几个方面，其中一点就是他的老师杜威的生活教育学说。他也讲到了他还受益于当时教育界的一个老前辈——张謇。先生讲张謇的教育思想，就是深入到学校、基层、农村，注重生活，一切从生活中来。而杜威的教育思想在基本概念范畴这些方面深刻地影响了陶行知。杜威是这样讲的：教育即生活，学校即社会，做中学。先生把它从字面上颠倒了过来，你说教育即生活，我就说生活即教育，你说学校即社会，我就说社会即学校，你说做中学，我说教学做合一。

此外，在 20 世纪 60 年代，时任联合国教科文组织成人教育科科长的朗格朗提出终身教育的思想，其实在他提出的 20 多年前，陶行知先生已在《全民教育》这篇英文著作里明确提出终身教育这一概念。换句话说，陶行知是今天终身教育的先驱，这是中国人对世界教育思想做出的卓越贡献。

在中国当时的环境下，陶行知先生通过自己的实践推动了中国的教育改革和社会进步，影响了世界教育。当下，我们正处于世界大变局的新时代，我们理应更深入地挖掘陶行知教育思想和实践的当代意义，为教育高质量发展，为培育教育家精神而不忘初心，砥砺前行。

陶行知学刊 TAOXINGZHI JOURNAL

季刊　2024年第1辑（总第3辑）

陶行知学刊
TAO XINGZHI JOURNAL

1
2024

主管单位
上海市教育委员会

主办单位
上海行知教育促进会

协办单位
上海行知教育研究所
上海师范大学基础教育发展研究院

学术指导单位
上海师范大学陶行知研究中心

地址
上海市宝山区淞发路 538 号 3 楼

邮箱
taoxzxk@163.com

出版日期
2024 年 3 月 25 日

刊名题字由陶行知先生遗墨集合而成，意在承继先生不朽之精神。

著作权使用声明

育才学校的回忆：民主先贤与陶行知的相关史料

方 方 徐 可

摘　要： 从民主先贤的家族记忆中，回顾与梳理了民主人士与陶行知的交往史料，陶行知在重庆古圣寺办学，吸引了一批优秀青年，成为重庆抗战洪流的中坚力量。陶行知不仅是身体力行的教育家，也是热忱的政治活动家，对民主建国会的早期活动产生了重大影响。

关键词： 陶行知；沈钧儒；冷中雪；袁美玲

一、民主先贤：七君子、上海救亡、进步学生

冷中雪，湖南新宁人，1917 年出生。《开封民建会员风采》里这样简单介绍他：1945 年经章乃器介绍加入中国民主建国会，后任中国民主建国会总干事。1950 年受章乃器指派来到开封组建河南民建。后来在"文革"中屡遭磨难，但他坚持真理，铁骨铮铮，对民主事业忠贞不渝。他 1980 年从开封市委党校离休，2004 年病逝。

冷中雪早年在上海读书时就热衷社会活动，1937 年八一三事变之后，经由章乃器、胡子婴、沙千里的介绍加入了上海文化界救亡协会。不久就成为学生救亡组织的召集人，和著名的"七君子"来往频繁。他住所墙壁上曾经挂满了民主志士赠与的书画条幅，历经"文革"劫难，至今仍保留下了李公朴、沈钧儒、章乃器、陶行知、邵力子、王昆仑、胡子婴、邹韬奋等民主志士的墨迹，以及与胡厥文、沙千里、章乃器等人的往来书信。

冷中雪青年时代在上海之江大学读书，但他与民建相关的民主政治活动却是在重庆进行的。他为什么千里迢迢来到重庆？这还要从沈钧儒和陶行知的交往说起。

二、育才学校：古圣寺、沈钧儒、陶行知

1937 年始，冷中雪在"七君子"的精神感召和引领下，组织学生队伍成立"上海不为奴隶青年团"和"上海小小救亡组"，由上海奔赴浙江、湖北、湖南宣传抗日，田汉也曾经参与这些学生组织活动。冷中雪带领青年学生的爱国行为深受"七君子"的赏识，沈钧儒手书"中雪先生从事救亡工作，意志坚卓，极可佩慰"的题词以资奖掖，邹韬奋也题词"团结御侮"，李公朴题词"反抗天然之压迫"赠与冷中雪。这些题词至今仍然墨色如新。

一二·九运动以后，全国抗日救亡运动日趋高涨。当时沈钧儒和陶行知过往密切，1939 年夏，冷中雪随沈钧儒来到重庆看望陶行知，然后跟随陶行知到古圣寺开始创办育才学校。这段轶事也被重庆育才学校主办的史料期刊《重庆陶研文史》2009 年第 4 期《沈钧儒"送"的礼品》记录下来：陶行知千辛万苦找到了一处合适办学的地方之后，"告诉沈老说，育才学校的校址解决了。他把发现古圣寺的前后经过向沈老做了陈述。沈老对陶先生说，你马上要维修校舍，现在一定很需要人帮助你工作，我现在向你的育才学校贡献一个礼品以示祝贺。沈老指着站在他旁边的冷中雪说道，就把这个青年献给育才吧。于是陶先生满怀喜悦笑纳了沈衡老的这份厚礼"。

就这样，冷中雪来到古圣寺开始了建校筹备工作，成为最早的一批教师。陶行知日记里边也有"中雪到古圣寺来"的记录，在《陶行知全集》中还刊有他的题词"中雪同志　追求真理　即知即传　陶行知　二八　八　廿五"。

作者简介： 方方，河南省开封市委党校公共管理教研室副教授；徐可，河南省开封市职业教育协会副会长，商丘师范学院豫鲁苏皖接合区经济社会发展中心研究员。

冷中雪生前多次提及"古圣寺"，他曾经口述他护送十几位革命烈士遗孤由古圣寺到延安的事情，其中一个学生叫李远芃，这就是国务院原总理李鹏同志。有关文献记载："1940年秋，李鹏第一次见到了在重庆工作的周恩来。当时，李鹏正在著名教育家陶行知办的育才学校学习。有一天，他突然接到通知，要他赶赴重庆八路军办事处，准备去延安。"① 冷中雪就是此事的亲历者。当时李远芃在育才学校社会组学习，冷中雪是社会组教师。育才学校作为抗战后方的教育基地，培育了无数的栋梁之才。

三、自强不息：冯兰瑞、袁先锋、袁美玉

袁玲，原名袁美玉，1920年出生于重庆的官宦世家。袁玲深受进步思想的影响，姐弟多人都是秘密的地下党员。这个秘密是多年以后由冯兰瑞揭开的。

冯兰瑞，1920年9月出生，1938年1月入党，1940年奔赴延安。我国著名经济学家，中纪委原书记李昌的夫人。冯兰瑞在《回忆"自强"——一生追求的起点站》②一文中回忆到袁玲和她的弟弟袁先锋，当时他们都是重庆青年进步组织"自强会"的成员。她深情写道："其中有好些'自强'的老战友，值得我们这些活了下来而能见到新中国成立以及改革开放的人永远纪念。"

冯兰瑞提及的第一位"值得纪念"的人，就是袁玲的弟弟袁先锋。冯兰瑞写道："袁先风原名袁美莹，同袁美玉是姐弟，俩人都是'自强'会员。袁先风1938年秘密去延安，大约1938年夏天，我接到他的信，才知道他已经到了新四军某部，主编一个刊物。以后再也没有接到他的信，后来才知道他1939年牺牲在金华地区，才23岁。"

袁美莹到延安以后，为了表达革命意志就把自己名字先后改为"袁先风"和"袁先锋"，袁美玉也效仿"丁玲"改名为"袁玲"。今天在重庆三峡博物馆的展室仍陈列有"袁先锋"同志的照片，他青春洋溢，英气勃发，让人过目难以释怀。袁玲的后人至今还保留着袁先锋的照片，其背面用英语写道"donnot forget"。袁玲曾回忆说，当年袁美莹为了入党虚报了自己的年龄，牺牲时的真正年龄只有19岁。另外，后经曾任赣南游击队领导人陈丕显的回忆，袁先锋确切牺牲地点在丹徒而非金华。

袁玲、袁先锋与冯兰瑞都是重庆"自强会"的骨干成员。冯兰瑞回忆说："'自强'是重庆青年自强读书会的简称，是重庆市各界救国会的周边组织。1936年秋，漆鲁鱼同志把它改造为抗日救亡的团体。"漆鲁鱼是位坚定的地下党员，曾书写过"乞讨寻党"的传奇故事。在漆鲁鱼的影响下，"自强会"的许多成员都先后奔赴了延安，冯兰瑞和袁先锋是其中的代表人物。

1939年，冯兰瑞又介绍袁玲到育才学校工作，她在《不带半根草去——回忆陶行知先生》里写道："（育才学校的）负责人，除陶先生以外，几乎都是共产党员。不少人是象我一样在国统区'搞红'了以后才到育才的。经我介绍去育才的就有聂奇慧、袁美玉等人。"③袁玲在育才学校被分配到音乐戏剧组，当时的同事有贺绿汀、任光等人。袁玲多次主演《放下你的鞭子》等进步话剧，产生了很大的影响。这对当时"自强会"成员李维嘉（后任四川省政协副主席）产生了很大的触动。

冷中雪与袁玲在育才学校相识，1944年结为伉俪。一位追求民主的进步青年，一位救亡组织的地下党员，就这样殊途同归地走到了一起，从此相伴终生。得知俩人结婚的消息，沈钧儒、陶行知、王昆仑、胡子婴等人纷纷到场并题词祝贺。沈钧儒是证婚人，作为前清进士，他偏爱用典，题写"鹣巢比翼，鸳牒盟心　民纪三十三年四月廿三日为中雪吾弟与袁玲女士结缡嘉辰　沈钧儒书贺"；王昆仑也不遑多让，题写"青女素娥俱耐冷，阳春白雪呈高情"，将俩人的名字嵌入联中；而陶行知则直白朴素，题写"本是好朋友，共造新家庭"，一时传为佳话。

《重庆陶研文史》2013年第2期总第50期刊出的文章《育才学校董事会、教职工和中共地下党组织概况（1939年7月—1949年12月）》纪录了他们的"行状"：

① 参见林周灵《李鹏新书：有人传我是周总理养子这不正确》。http://book.ifeng.com/yeneizixun/detail_2014_06/30/093458_0.shtml。另外，《李鹏回忆录（1928—1983）》已由中央文献出版社于2014年7月出版，其中多处提及育才学校。
② 参见冯兰瑞的"和讯"博客。
③ 参见冯兰瑞的"和讯"博客。

"冷中雪：教师，1936年在上海参加全国各界救国会，上海文化救亡协会，从事抗日宣传工作。1939年到校，1940年离校。建国后在河南开封市委党校工作。"

"袁美玉：教师，中共地下党员。"

"冯兰瑞：教师，中共地下党员。北平一二九运动积极分子，1939年来校，1940年离校到延安。著名经济学家。"冯兰瑞是一位世纪老人，她于2019年2月辞世，享年99岁。她的自传性回忆录《别是人间行路难》也记述并印证了以上有关史料。

四、上川公司：星五聚餐、西南大厦、民建肇始

冷中雪在1940年就离开了育才学校，这是因为章乃器此时也由上海来到了重庆。冷中雪在上海读书期间就与章乃器相识，并跟随他做了大量的事务性工作。众所周知，1935年12月，章乃器与上海文化界人士马相伯、沈钧儒、李公朴、陶行知、邹韬奋等人联名发表《救国运动宣言》，旋即成立上海文化界救国会。冷中雪组织的学生救亡活动也得到了章乃器的大量帮助。

1940年6月，章乃器与银行家陈光甫在重庆合资创建了上川实业公司，冷中雪得知以后也离开育才学校到上川实业公司工作。冷中雪和章乃器的接触就频繁起来，袁玲和胡子婴也成为了朋友。袁玲的娘家当时就在白象街，不远就是著名的"西南实业大厦"（当时位于白象街15号附1号）。这座大厦其实是"迁川实业家"的众筹产物，根据史料记载，当时"中国西南实业协会希望各厂矿有一联合办公中心，便利于趋上之接洽，故早有建筑西南实业大厦之计划。去年冬，承川康、聚兴诚两银行以白象街云×地产捐赠本会，即开始讨论这个问题"①。

冷中雪在上川实业公司工作期间开始和大批企业界人士接触，包括中国汽车制造公司重庆办事处主任沈诒（沈钧儒的侄子）、重庆甘南油矿局局长孙越崎以及当时实业界领袖胡厥文等。由于业务需要，西南实业大厦建成肇始就成为"星五聚会"的活动地，成为当时工商界人士和知识分子共商国是的联络点。对此，《民主先贤与星五聚餐会》②一文记述了"星五聚餐"是如何由上海发起辗转香港又来到重庆的。据冷中雪回忆，当时的工商实业家聚餐以"火锅"居多，重庆素以火锅闻名，许多历史事件都是在火锅的热气蒸腾中得到见证。

中国民建史料记载，1945年12月16日，中华职业教育社领导人黄炎培、迁川工厂联合会负责人胡厥文以及实业家章乃器、施复亮等人在重庆白象街西南实业大厦发起并创建了中国民主建国会。这一天，一定也少不了要吃顿火锅庆祝一番。

知其所来，方知所往。2015年3月时任民建中央主席陈昌智曾专门到白象街考察并确认"西南实业大厦"为中国民建的诞生地，随后"中国民主建国会成立纪念碑"也由较场口搬迁到西南实业大厦旧址。今天的西南实业大厦已经成为中国民建博物馆，其中专设了"民建发起成立"的图片陈列展览供人瞻仰。

参考文献

［1］陶行知.陶行知全集［M］.成都：四川教育出版社，2005.

---

① 转引自赵宾《"民建摇篮"西南实业大厦》，中国民建网：http://www.cndca.org.cn/mjzy/lsg。

② 参见中国民主建国会网站：http://www.cndca.org.cn/mjzy/rwfc/mjxx/993688/index.html。

编者的话：曹葆华同志的论文《陶行知的理想主义人生》近1.3万字，比较全面地论述了陶行知先生理想主义精神的内涵实质、理想主义人生的发展轨迹，为我们加深认识陶行知先生提供了新的视角。限于篇幅，本刊选取了此文的最后一部分，并冠之"陶行知：扎根中国大地的理想主义者"作为标题，以飨读者。

陶行知：扎根中国大地的理想主义者

曹葆华

摘　要：陶行知的理想主义源于他的建设民主国家、实现民族复兴的政治抱负和人生信仰。在理想主义的感召下，他不断创造新的教育理念、形式和手段。理想主义赋予他改造人、改造教育、改造社会的革命激情和英雄气概，也激励他勇于继承，不懈进取；勇于实践，坚持创新。陶行知的教育之路，正是他实现理想主义之路。当前，我们更需要高扬理想主义的气质。

关键词：理想主义；教育思想；教育实践；社会改造

陶行知是一个真诚、执着的理想主义者。"作为胸怀'教育救国'理想的教育家，陶行知的救国逻辑是通过教育开启民智，提高全民族的文化素质，共同建设一个民主、美好的国家。"[1]这个理想宏大、遥远而富有吸引力，令陶行知向往不已，召唤着陶行知不知疲倦地前行。陶行知比他同时代的教育家和民主知识分子具备更持久、热烈的理想主义激情，这使他最终能够脱颖而出，成为"伟大的人民教育家"。

陶行知的理想主义是与时代同呼吸共命运的共名性的理想主义。随着时代的变化，陶行知的理想主义姿态不断调整。这种调整是在历史的维度上展开的，它们在精神走向上具有紧密的连贯性，而每一次调整都较之以前更加有其合理性，其理想主义的演变过程与时代发展同步，体现出时代性、超越性。萨义德在《知识分子论》里说，知识分子的声音有时是孤独的，"必须自由地结合一个运动的真实情况，民族的盼望，共同理想的追求，才能得到回响"[2]。陶行知理想主义诗学具有人民性、民族性特质和历史的深度。从《中国乡村教育之根本改造》到《古庙敲钟录》，再到《实施民主教育的提纲》，可以看到一个热情而又清醒的理想主义者的深层脉动轨迹。陶行知正是以这样一个理想主义者的姿态，阔步行走在自己的教育之旅上。这种姿态，让我们看到了一位时代巨子的理想情怀和学识智慧。

理想主义在陶行知那里不是乌托邦的幻想，而是对现实的理智正视和勇敢回应。对陶行知来说，理想主义展现出了多重姿态，但都源于他的政治理想，建设民主国家、实现民族复兴在陶行知信仰和理想的精神版图中从未变过，陶行知不同时期的理想主义姿态都是在这个基础上展开的。艾德夫认为，"民主魂"是陶行知一生的写照，他是一个广义而不是狭义的民主主义者，他不仅要使一切人民平等，更进而要使一切生活都民主。[3]陶行知认识到，民族的独立和社会的民主只能通过大众自己的力量来实现。怀着对教育的信仰和期待，陶行知将民主政治问题转化为教育问题。正如牧野笃所说，陶行知把反侵略与反"封建"相结合，确定自己教育思想的基础。生活教育论的基本思想是为了解决中国亟待解决的政治问题，即通过教育培养肩负解决政治课题的人才，培养作为能够担负中华民族解放和人民解放这些政治课题重任的主体的"个人"，[4]培养和提高人民认识和改造现实生活的能力。因此，陶行知的教育革命和教育理论创造，不仅仅是在教育意义上的，而是一开始就包含着鲜明的民族国家动机。

作者简介：曹葆华，安徽省芜湖市国防教育学校党支部书记、校长，芜湖市陶行知研究会会长。

按照公认的教育效用来说，需要教育来培植我们的创造力，需要它给我们带来希望、勇气和力量，让我们朝向美好的生活。陶行知的教育之路正是基于此，他不断创造新的教育理念、形式和手段，拓展教育的可能性路径和空间，希望"教育之光照遍每个角落"[5]，"发展和保持一真正之民主国家"，能够实现"正义与自由的理想之国"。[6]在更为深远的意义上，陶行知向我们展现了寓于文化和政治层次上的人的解放、社会改造和民族复兴的图景。

对陶行知来说，理想主义承载着改造社会的革命激情和英雄气概。理想主义赋予他热情和浪漫，赋予他创造的勇气和智慧，也赋予他为真理献身的精神。他扎根中国大地，建立现实的功业，如果说晓庄学校是他的理想主义朝向大地的一次精神扎根，工学团运动则是朝向远方的梦想远行，育才学校是朝向未来的诗意创造。在此基础上形成的生活教育学说，无疑属于中国近现代乃至中国教育史上具有拓荒意义和原创意义的重要收获。在民族危难、政治动荡、人民极度缺乏教育机会的背景下，陶行知想要以生活教育学说为基础，建构出一套能够培养"新人"、实现国家民族强盛的教育诗学。在此意义上可以说，陶行知完成了作为一个文化英雄贡献给这个时代、贡献给祖国和民族的"作品"。正如黑格尔所说，英雄是"志其所行"又是"行其所志"的人，"他们之所以为伟大的人物，正因为他们主持和完成了某种伟大的东西。不仅仅是一个单纯的幻想、一种单纯的意向，而是对症下药适应了时代需要的东西"[7]。

终其一生，陶行知都是理想与奋斗同在，不管历史如何变化，无论遭遇多少坎坷，他始终坚贞不渝，行走在追求理想的路上。虽有过短暂的迷茫，但他没有消极、逃避。晓庄学校被查封，育才学校无米度日举步维艰，他两度遭通缉，被迫流亡异国，陶行知也没有放弃理想主义。绝境中的坚持，困厄中的乐观，矢志不渝的信念支撑，使陶行知经历了历史的风霜雨雪，展现出生机勃勃、充满浪漫色彩的教育创造风景和奋发蹈厉、生气淋漓的革命人生。

在多维的人生镜像中，陶行知表现出了教育家的情怀、思想家的智慧、革命家的精神，也表现出了智者的风范。陶行知早在金陵大学求学期间就对政治表现出了浓厚的兴趣，而当他从伊利诺伊大学攻读市政急切地转入哥伦比亚大学改读教育学，就决定了他要走的人生路程，终身以教育为志业。作为一个理想主义的执着追求者，在"要为中国做出一些贡献"的理想情结牵引下，他注定是一个入世很深、具有强烈参与意识的人，政治生活构成了他的重要维面。他以政治家的视野、思想家的智慧开展教育革命实践，在不断发展的生活教育学说中传达了更为广阔的声音，他曾说过："晓庄所干的是顺着时代革命的革命教育"[8]，"育才学校办的是建国教育，但同时是抗战教育"[9]。对他来说，教育只是实现政治理想的手段，这决定了他无法远离政治。政治活动与教育实践的相互交织，注定了陶行知别样的人生奋斗经历，使陶行知成为现代教育史上一个独具特色的教育家。

深受儒学影响的陶行知，继承了中国知识分子理想主义者人格的优良传统，一直秉承着传统士人修齐治平、建功立业、以天下为己任的理想精神。这使得他对政治有一种"超然的兴趣"。贺麟说，"认为治理公共的事体有价值，而欣然愿意去研究、讨论、过问、参加，就是有政治兴趣"[10]，他进而指出，"所谓超然的政治兴趣"，是指"无政治野心，且不以从政服官为业，但对于政治却表现一种纯正的兴趣"[11]274。政治构成了陶行知理想主义的精神基础，作为政治家的陶行知，有丰富的革命经历，对政治家的特质和使命也有着独到、深刻的认识。他在晓庄寅会上所做的《政治家与政客》的演讲，表明了他对政治家的认知：

> 政治家的存心只是一个诚字，一伪就变为政客了。政治家的动机是为公众谋幸福的，有所私就变为政客了。政治家的进退以是非为依据，若随利害转移，就变为政客了。政治家的目光注射在久远，若贪近功，就变为政客了。政治家为目的而择手段，政客只管达到他的目的而不择手段。政治家是"富贵不能淫，贫贱不能移，威武不能屈"；政客就不然，他的主张，随富贵而变，随贫贱而变，随威武而变。[12]

陶行知具有智者的风范，他在现实生活中努力地"去政治化"，保持了一份清明通透。但他自身的政治性从未消失，中国知识分子的政治热情和牺牲精神在他身上表现得淋漓尽致，他用行动诠释了政治家的真义。他的生命形态里系着政治风云、时代风云，他的言行折射着时代的光影，这使得政治色彩成为他教育理想、教育学说乃至生命历程中一道亮丽的风景。

故此，陶行知的著述文本凸显出别具一格的面貌。他的教育文本群在教育研究与理论创造中寄怀着深沉宏阔的教育和政治社会理想，文学创作文本群中文学家的教育情怀和教育家的文学情怀、教育理想交织缠绕，书信日记文本群既是时代史和个人生活史的微观叙事，也是一位理想主义者的心灵告白。阅读他那蔚为大观的著述文本，既见教育思想的深远，也可见时代的风云流变，更可见作者的心灵镜像，展现了一个理想主义者在时代风云中的心灵史、把论文书写在大地上的奋斗史。他的著述之所以感人心怀，正是因为在论与史相互交织的文本展开过程中，可以感受到这位时代巨子跳动着的心脏，投射其中的强大、深沉的理想情结和英雄情结，渗融其中的宏富、深广的理想主义精神和国家民族情怀。

在风云变幻、波澜迭起的中国近现代史上，陶行知不是第一个，但却无疑是一个典型的、旗帜鲜明的理想主义者。在外患孔亟、内难频仍、政治动荡的时代，他顽强地坚守着自己的崇高理想。对于陶行知来说，生命的意义就是为理想而奋斗，是一次理想主义的精神漫游，是一场英雄主义的奋斗之旅，他用英雄主义精神和行动安置了他的理想主义激情（笔者另文专论），吴玉章称颂他"是一个时代的英雄"。这就是在时代的风云际会中的真诚、真实的陶行知，理想主义和英雄主义是他鲜明的精神徽记。

习近平曾经指出："现在有人批评理想主义。脱离实际的理想主义固然不可取，但符合历史发展规律、顺应历史发展趋势的理想万万不能丢。"[13] 他提出，要"高扬理想主义的精神气质"[14]。习近平对陶行知有过许多论述，从理想信念、理论学说、道德人格、精神品质与思想作风等方面充分肯定陶行知。[15] 陶行知用他深沉激越的理想主义精神创造了质朴奔腾的理想主义人生，成长为独领风骚的文化巨人，诠释了理想主义的内在生命力和积极价值，也确证了陶行知作为一个理想主义者和一个英雄人物的存在意义和丰富价值。

参考文献

　　[1] 曹葆华.陶行知国防战略思想与国防教育实践［J］.合肥师范学院学报，2022（5）：1—5.

　　[2] 爱德华·萨义德.知识分子论［M］.单德兴译.北京：三联书店，2002：103.

　　[3] 中国陶行知研究会，上海市陶行知研究协会.民主之魂：陶行知的最后100天［M］.上海教育出版社，2003：100.

　　[4] 牧野笃.陶行知"生活教育"论小考［J］.重庆陶研文史，2015（1）：30—37.

　　[5] 华中师范学院教育科学研究所.陶行知全集：第三卷［M］.长沙：湖南教育出版社，1985：218.

　　[6] 周洪宇，刘大伟.陶行知年谱长编：第一卷［M］.北京：人民教育出版社，2021：102.

　　[7] 黑格尔.历史哲学［M］.王造时译，上海：上海书店出版社，2006：29.

　　[8][12] 华中师范学院教育科学研究所.陶行知全集：第二卷［M］.长沙：湖南教育出版社，1985：221，39.

　　[9] 华中师范学院教育科学研究所.陶行知全集：第三卷［M］.长沙：湖南教育出版社，1985：366.

　　[10][11] 贺麟.文化与人生［M］.北京：商务印书馆，2015：273.

　　[13] 中共中央文献研究室.论群众路线——重要论述摘编［M］.北京：中央文献出版社，2013：125—126.

　　[14] 习近平.习近平谈治国理政（第四卷）［M］.北京：外文出版社，2022：276.

　　[15] 周洪宇.学习贯彻习近平有关陶行知重要论述　继承弘扬陶行知思想和精神［J］.教育文化论坛，2019（4）：1—6.

例说陶行知论述语言的特色

朱 丹

摘 要：陶行知先生论述文章的语言通俗求实，为平民而作。其语言富有情感，通俗易懂，生动活泼，典雅创新，能够联系当下与未来，善用通俗易懂的事例，形象贴切的比喻，典雅创新的典故，用平民化的语言让听者牢记于心。作为新时代的教师，理应从陶行知先生的语言中汲取营养，提升语言表达水平，加强沟通能力。

关键词：陶行知；语言特色；例说

一、通俗易懂的事例让说理语言更明了

陶行知的话语与普通民众没有隔阂，更没有文人墨客的咬文嚼字，迁客骚人的舞文弄墨，篇篇通俗易懂，一针见血，切中时弊。陶行知先生的论述文章是为平民而作的。比如《知是行之成》中，他先从小孩子说起：小孩子烫了手才知道火是热的，冰了手才知道雪是冷的，吃过糖才知道糖是甜的，碰过石头才知道石头是硬的。然后分别列举生活的事例一一解析：晒几回太阳，在厨房烧几回饭，过几天夏天的生活，才知道抽象的热。又列举小孩最喜欢干的事：做几次雪菩萨，吹几次霜风，吃几杯冰淇淋，才知道抽象的冷。要想知道抽象的甜，就要吃过几回白糖、红糖、芝麻糖、甘蔗、甘草；要想知道抽象的硬，还得经过好几回碰着铁、碰着铜、碰着木头。最后将两种相对的事进行比较，"才烫了手"与"又冰了脸"相比较，那么小孩就更能明白了"冷"与"热"。"尝过甘草"与"接着吃了黄连"相比较，那么小孩就更能知道明白了"甜"与"苦"。"碰着石头之后"与"去拍棉花球"相比较，那么，小孩就更能知道明白了"硬"与"软"。"凡此种种，我们都看得清楚'行是知之始，知是行之成'。"陶行知用生活中最平常的事"烫了手""冰了手""吃过糖""碰了头"，用最平常的物"火""雪""糖""雪菩萨""霜风""白糖""红糖""芝麻糖"等借事说理，告诉我们"知是行之成"的道理。陶行知经常深入民众，与民众一起生活，一起劳动，与大众亲如一家，他的语言与大众声息相同，平常至极，这样生活化的语言，接地气，直白，符合平民教育特点。

除此之外，他还善于使用通俗的故事说理。在《师范生的第一变·变个孙悟空》一文中，他说道："师范教育是什么？教学生变成先生。先生是什么？自己会变而又会教人变的是先生。师范生不是别的，是一个学变先生的学生。"为了直白地解释，他引用了西游记孙悟空、唐僧的故事："自古到今，从东到西，我找来找去，只找着一位差不多可以比得上这学变先生的学生。你猜是谁？是那保唐僧上西天取经的孙悟空！"孙悟空带着寻找长生不老的目的向菩提祖师学习："孙悟空不是一个糊涂的学生。他抱着一个'长生不老'的目的而来，必定要得到一个'长生不老'的道理才去。凡是不合这个目的的东西，他一概不学。"最后陶先生用一句话向大家发问："我们做学生的当中有多少是像孙悟空这样认真的啊？"先用大家耳熟能详的故事铺垫，再做生动说明，最后震耳发聩一问，让听众印象深刻，醍醐灌顶，达到演说的效果。

二、形象贴切的比喻让说理语言更生动

陶行知在论述文章中大量使用比喻，真可谓得心应手。羊矮在文章《三寸金头与放头运动》中转录陶的一篇讲话前，有以下文字："陶行知先生在广东中山大学研究院主持的拉丁化新文字讨论会，于本月月初开会员大会，陶致开会辞，把汉字比作妇女的缠足，确为妙喻。如《我之学校观》

作者简介：朱丹，安徽省歙县璜田中心学校校长、高级教师。

一文中，"办学如治水，我们必须以导河的办法把学生的精神宣导出去，使他们能在有益人生的事上去活动。倘不能因势利导，反而强事压制，那末决堤泛滥之祸不能幸免了。""一个学校要想有美满的生活，必须和知识的泉源通根水管，使得新知识可以源源而来。"把"办学"喻为"治水"，要因势利导；美满的学校生活需要一个"和知识的源泉""通根水管"，贴切有味。在《新教育》一文中阐释新教育的含义时，他说道：先说"新"字是什么意思？某处人家因为要请客，一切设备家伙，都去向别家借用，用过之后，就去还了。这是客来则新，客去便旧了，不得为根本的新。我们中国的教育，倘若忽而学日本，忽而学德国，忽而学法国、美国，那终究是无所适从。所以新字的第一个意义要"自新"。今日新的事，到了明日未必新；明日新的事，到了后日又未必新。即如洗澡，一定要天天洗，才能天天干净。这就是日日新的道理。所以新字的第二个意义要"常新"。向别家借东西，看起来是新的，但终归是别人的，是要还的，中国的教育还是要"自新"才有出路。然后用天天洗澡来提醒教育还得要"常新"，紧跟时代步伐，走出有中国特色的教育之路。两个比方，通俗易懂，又让人听过之后深入思考。

再比如：若是不问他的结果，一味地办去，正如做母亲的人把他的女儿出嫁，不将他长女出外的情形，来加以参考，以至于第二第三个女儿吃着同样的苦头，这是因为不考成的缘故。(《新教育·教育的考成》)这里用母亲嫁女的事例来比喻"不考成"，从而生动的告诉我们"要按照目的去考成，方才不会枉费了精神和财力"的观点。民间嫁女，很有中国味，也符合大众的认知，以此为例，显得生动幽默，让人印象深刻，易于理解接受。陶行知为了把"教育乃最有效力地事业"阐释好，他把教育喻为开矿，人有善恶，教育就是把善中的恶去除，把恶中的善取出，"开矿者取泥内之金，去金内之泥，然后成为贵品"。一个深奥的道理，就在一个形象贴切的比喻中变得浅显易懂。

三、信手拈来的典故让说理语言更典雅

陶行知6岁启蒙，师从方庶咸，就开始接触了《三字经》《四书五经》《古文观止》等，后又师从吴尔宽，打下了厚实的古典文学基础，11岁后开始向王藻学习国学，进一步夯实了自己的国学知识。后入唐俊贤在歙县小北街创办的崇一学堂读书，综合学习经学、国文、英文、算术、地理、音乐、医药常识等。因此，陶行知的论述文章中时时透露出他深厚的国学底蕴，广博的文化知识，行文典雅。在《答朱端琰之问》一文中引用了孔子的"举一隅，不以三隅反，则不复也"，荀子的"以一知万"，来论述个人必须要吸收人类的经验。又引用了《墨辩》"说曰：知：传受之，闻也；方不，说也；身观焉，亲也"。告诉我们获得知识的三种途径：靠别人传授进来的是闻知；自己推想出来的是说知；自己经验出来的是亲知。这些话语无不增强了说服力和权威性。

再如《"田汉"欢迎田汉》一文中，"今天我是以'田汉'的资格欢迎田汉。晓庄是为农民而办的学校。农民是晓庄师生的好朋友。我们的教育是为种田汉而办的教育。我们型宫前的一副对联，说明我们办学的态度：'和马牛羊鸡犬豕做朋友；对稻粱菽麦黍稷下功夫'。所以，我是以一个'种田汉'代表的资格在这儿欢迎田汉……"此"田汉"是"种田汉"的简称，一语双关，把剧作家田汉之名化入，既表明陶行知平民教育思想，又活跃了气氛，拉近了与田汉的距离，更亲切。同时，引用型宫对联，表明了办学的态度，阐明了生活即教育，社会即教育思想，高雅而不脱俗。

出生于徽州大地的陶行知先生是语言大师，他的一言一行与其所倡导的知行合一、教学做合一的精神紧紧相扣，平民化的语言深入民众心中，达到了唤醒大众、改造社会的目的，他是真正的人民教育家。他的语言表达生动灵活，善用通俗易懂的事例、形象贴切的比喻、典雅创新的典故，让听者牢记于心。思想与温度并存，化抽象为具体，逻辑与深度融合，值得我们学习。

‖ 本期专题 ‖

"双减"背景下的高效小学数学课堂

施会斌

摘　要："双减"工作的目标之一就是要使学校的教育教学和服务水平得到进一步提升，作业布置更加科学合理，学校课后服务基本满足学生的需求。文章结合数学课堂教学实际，从把握教学节奏，提高课堂教学效率；积极改革作业评价，提高评价的有效性；与学生、任课老师、家长等多方联动，合作共赢等三方面阐述"双减"背景下努力打造高效小学数学课堂的做法。

关键词：教学效率；有效评价；多方联动

"双减"工作的目标之一是使学校教育教学和服务水平进一步提升，作业布置更加科学合理，学校课后服务基本满足学生的需求。落实"双减"，在于"减负提质"。要达成这一目标，需要变革传统课堂，生成有效课堂。下面我以数学课堂教学为例，谈谈我是如何在"双减"背景下努力打造高效数学课堂的。

一、充分把握教学节奏，提高课堂教学效率

课堂效率是课堂教学的生命线，要提高课堂教学效率，就要把握好教学节奏。这里的教学节奏和我校开展的"152"教学模式分不开。即5分钟左右课前复习引入，25分钟左右新知识学习，10分钟左右完成课堂作业面批。从学生入学开始，培养他们这样的节奏。

二、把握课堂常规，有序开展课堂教学

学生认真听课的前提是遵守课堂纪律，这与一年级入学后的常规教育也是密不可分的。可以说，好的课堂教学，教学常规是保障。学生课堂常规好，一开始就能很快投入课堂学习，在教师精心准备的5分钟左右的课堂复习引入下，教学效率自然就高了。

三、精心设计教学，有效进行课堂教学

理想的课堂是在25分钟左右的课堂呈现上既要突出重点，突破难点，又要有学生的真正理解。真正能达到这样的效果是不容易的。我的方法是：精准把握，精心设计，精彩呈现。

1. 把握学生的认知起点，以及教材的知识结构，找准教学起点

教师只有了解了所教学生的学习起点，由此展开的教学才是有意义有价值的。如果教师充分考虑学生的认知状态，站在学生的角度思考，以学生的已知为切入点和突破点，这样的课堂才是真实和学生最需要的。有效的教学要以学生为本，尊重学生的认知规律，把握学生的认知起点展开教学才能真正做到学有所需。

2. 潜心设计教学过程，面向全体，分层安排，融会贯通

数学课堂教学都是从本质出发，以问题为引领，在教学过程中寻找知识的内在道理，从而开启学生思维的通道，发展学生的思维能力，使学习真正发生。对此，教师要科学地、系统地、合理地设计数学教学，正确认识学生的知识基础和能力层次，采用良好的教学方法，重视学生的观察，实验，思维等实践活动中反馈的信息，实现知识与技能、过程和方法、情感态度与价值观的三位一体的课堂教学目标。只有面向全体、关注差异，有目的分层展开教学，才能真正提高课堂教学效率，使学生学有所获。

作者简介：施会斌，浙江省湖州市长兴县第二实验小学总务处主任、一级教师。

3. 有序呈现课堂教学，有效利用生成资源，让学生经历知识的形成过程

学生认真作业的关键是教师课堂的精讲。在课堂25分钟的呈现上既要突出重点，突破难点，又要关注学生的生成资源，有效利用这些资源，提高课堂教学效率。因此，教师在备课中应有针对性地备课，在教学中也应有针对性地教学，会的不讲，讲了不会的不讲。简化课件，突出重点，让学生动手做数学，经历知识的形成过程。课堂上，课件呈现只是辅助呈现重点，板书呈现很重要，让孩子说算理算法，上台板演，在教学中应看到学生的差异，承认学生的差异，做到因材施教，分类指导。

四、合理布置作业，有利巩固课堂所学

减轻学生的课业负担是"双减"目标之一。检验学生课堂所学知识常用的方法是运用所学的知识完成数学课堂作业。教师布置作业前，应做到广泛浏览，心中有数，作业布置时要做到少而精，指向性明确，针对性强。一般情况下教师都是提前做好课堂作业本，一方面是教师能对学生练习的内容有一个全面把握，也可以根据需要有机进行调整；另一方面是教师提前对练习题中的难题有效把握，课堂上有机进行辅导。新课学习之后，学生及时巩固所学知识，完成相应的课堂作业。有了课堂上10分钟左右的时间，大部分孩子能及时完成课堂作业。教师在巡视中，随机面批，出错马上订正，最后扫尾几个后进生，单独辅导。此外，教师作业反馈时，也可经常发挥"小先生的作用"，达到团队协作的目的。课堂学习效率提高了，学生课后需要巩固的作业也就相应减少了。

上述教学模式很好地规划了数学课堂教学，按照这一模式开展课堂教学确实能有效提高课堂教学效率。当然，40分钟的质量之前还有课前对教材的解读，课中25分钟的有效利用和课后对学生的辅助。总之，提高教学，功在课堂：重视课堂教学，向40分钟要质量。

五、积极改革作业评价，提高评价的有效性

"双减"工作落实后，教师一方面在教学中要引导学生提高学习的有效性，另一方面也要在有限的时间里做到最大限度地提高教学效率。除了有效利用课堂教学的40分钟，还应充分利用一些碎片时间，对学生课后作业的及时检查与反馈。对学生作业及时反馈与评价，在很大程度上提高了学生的学习效率和教师的工作效率。教师恰当的评语，是作业的一种评价方式，它能无声地给予学生恰当鼓励、正确引导和善意的鞭策。

1. 肯定成绩，给孩子一碗滋补心灵的鸡汤

小学生更希望得到别人的肯定和赞扬。平时的数学作业，要拿个全对，对于大多数学生来说还是一件容易的事。如果每次都是一个呆板的"优+"，看多了也觉得乏味。这时候，评语就能解决这些问题。"哇噻！！你真棒！！！连续6次'优+'！""哇！棒极了！！全对+漂亮！！我浏览你的作业简直是在欣赏一件精美的艺术品！！！"这样一来，下次的作业一定是——书法+数学。"语文老师说很佩服你，又拿了'优+'！"借第三者的口来赞扬学生更能收到事半功倍的效果。

一句好的评语，不仅能反映学生解题的正误，对学生进行恰当的学法指导，使学生形成正确的解题思路和方法，而且还能挖掘学生的潜在能力。在"一题多解"的数学扩展性问题中，利用评语适当给予启发，以帮助开发学生的潜能，激活创新意识。从而从不同方向去分析、思考问题。"你真会动脑筋！竟然用了别人想不到的方法！！"（用这个评语加上口头上的鼓励，使很多学生养成了喜欢动脑，积极思考的好习惯，并且每逢题目能多解的，没要求时也用了多种方法）"解得巧、方法真独到！""还有更好的解法吗？""爱动脑筋的你肯定还有高招！"这样的评语有利于激发学生的创新意识，鼓励学生要敢于标新立异。使学生开启心灵，自由驰骋。

2. 正确引导，给孩子一块擦掉败笔的橡皮

在各个教学检测中，并不是每个学生每次都能拿到满分。当学生作业中出现审题、计算、观察、分析、判断等方面的错误时，恰当地、婉转地利用评语来提醒学生，或进行方法指导能令学生正视失败、重燃斗志。"你后悔吗？认真一点就满分了！"（用了这个评语，收到了学生的反馈——"我好后悔，我下次一定会改掉粗心大意的毛病。"）"我们班的同学都说：不喜欢粗心大意的同学！""数量关系式怎样？你不会忘记吧？""利用逆推方法试试看好吗？""第二步该干什么？""因为你付出了努

力，你的进步很大！"……这样的评语往往能让学生在失败中看到希望，在失落时感受到来自老师的暖暖关怀。战胜困难的勇气大增，学习兴趣也更加浓厚。

3. 温暖心灵，给孩子一个重新跃起的机会

对于学习有困难的学生，在作业中特别能反映出学习的薄弱点。教师在作业批改中要及时找到出错的"病灶"，并给予正确而有效的指导，对于这部分学生的学习是十分见效的。因此，在平时的作业中，对于班级中的学困生用激励性的评语，一来给学生正确的指导，二来正面鼓励学生，保护了孩子的自尊，温暖心灵，给孩子一个重新跃起的机会。

数学作业批改中恰当地使用评语，从学生解题思路、能力、习惯、情感、品质多方面综合评价学生作业，有利于促进学生的发散性思维和形成创新意识，更有利于沟通师生之间的情感，调动学生的学习积极性，促使学生养成良好的学习习惯。在教师与学生之间架起一座心灵的桥梁，让学生的素质能得到全面的发展。

六、多方联动，合作共赢

教育的成功需要多方联动，合作共赢。所谓的多方是学生、科任老师、家长，在教学中只有多方交流沟通、合作，教育才能真正发挥功效，孩子才能全面进步。

首先，充分信任每个孩子，关爱鼓励。十个手指有长短，更何况我们每天面对的孩子都是一个个鲜活的生命，他们都有自己的个性特征。我们不能用同样的尺度衡量他们。相信孩子，关爱孩子，鼓励孩子，留给他们成长的空间，允许他们犯错。

每个班总有那么几个跟不上节奏的孩子，或许昨天的学习内容他不懂，但今天的学习内容他就能理解；或许这个单元的学习他跟不上，但下一个单元他就很行。对这些孩子来说，出错纠错也是一种成长，前提是不放弃这些孩子。

每个孩子都想得到老师的肯定，对学有余力的孩子，我们要鼓励他拓宽自己的思维，不断挑战自我，鼓励他们跳一跳摘到桃子；对学有困难的孩子，我们要积极给予帮助，多表扬一句，多关心一句，就是给他们最大的力量，适当的时候帮他忙抬一抬，也可以摘到桃子。相比较而言，在课堂教学和班级管理中对后进生的关注度要高于其他孩子，因为我们都会发现：关爱真的是能改变后进生的学习态度，鼓励和表扬更加能够催人奋进。

信任是相互的，我们要相信相信的力量：老师信任孩子，孩子信任老师，孩子学习自然更有动力，教学效率自然会提高。这是一种良性循环。

其次，各个学科相互合作，整体协调。随着年级升高，孩子学习任务也随之增加。要想让孩子们学科平衡，需要科任老师之间的相互配合、相互协调。小学里主要有书面任务的是语文、数学、英语、科学四门学科，每个学科都有任务。学生需要适应不同老师的节奏，对此与科任老师的沟通必不可少。

任课老师向班主任全面了解学生，经常反馈重点学生，大家双向互动，打配合；学科老师每次单元测试与班主任分享，共同寻找有效提高孩子学习的策略；此外重点沟通课堂纪律，班主任也积极配合，时不时随堂听课（重点关注学生的课堂纪律与学习状态），以此提高孩子们的学习效率。总之，大家坦诚相见，相互合作，互不挤占，齐心协力，共同促进班级孩子成长。

最后，充分鼓励每个家长，参与管理。要使这部分孩子更进步，家长的配合与督促必不可少。班级管理更有效，也少不了家长的积极支持。因此，要重视家校联系，家校沟通，从孩子的成长出发，把握孩子的点滴进步。表扬孩子，也是在鼓励家长，同时给我们的工作增加润滑剂。积极配合的家长，让我们老师也更有动力。每个班总有几个家长做事拖在后面，对孩子关注不够。对此，要与他们积极沟通，让家长感受到我们没有放弃孩子，发现孩子的优点与进步，肯定家长的付出，以心换心。老师只要认真工作，家长也会自然感受到老师的爱心，也就能自然够配合学校的工作。

发挥家长的督促功效：鼓励家长，表扬家长，增强家长的责任意识，培养学生在家里良好的学习习惯，最终促进孩子全面发展。

总而言之，"双减"工作是一项综合的工作。除了学校教师层面的深化教育教学，改革评价，还需要学生、各级部门、家庭等高度参与形成合力，共同打造高效数学课堂。

"双减"背景下小学体育教学新样态研究

赵淑芳

摘 要："双减"政策要求教育要回归育人本质，这和陶行知先生的"教学做合一"教学理念相符。在当前"双减"背景下学生拥有更多时间参与体育锻炼，如何更好地指导学生开展运动，促进身心健康成为当下学校体育教学的重要任务。运用"教学做合一"的理念开展小学体育教学，顺应了当前学校体育的改革趋势，有利于提高体育课堂效率，提升学生运动能力，促进小学生体育核心素养的发展。

关键词：教学做合一；"双减"；小学体育教学；新样态

2021年7月24日，中共中央办公厅、国务院办公厅《关于进一步减轻义务教育阶段学生作业负担和校外培训负担的意见》[1]（以下简称"'双减'政策"）发布，提出要有效减轻义务教育阶段学生过重作业负担和校外培训负担，强化学校教育主阵地作用，深化校外培训机构治理。"双减"政策的发布，为学校体育教学带来了新的契机。如何回归教育本质，推动学校体育发展，保证每个孩子健康成长成了当下学校体育教学的热点话题。而陶行知先生的教学思想一直被教育界所推崇，其中的"教学做合一"理念在小学体育教学实践中有着尤为重要的借鉴价值。

一、"教学做合一"理念在小学体育教学中的积极意义

陶行知先生提出："教学做合一"是生活法，也是教育法。它的含义是教的方法根据学的方法；学的方法根据做的方法。事怎样做便怎样学，怎样学便怎样教。教与学都以做为中心。[2]由此可以看出，教学做不是分开的三件事，而是一件事。基于"教学做合一"的教学理念，小学体育教学也应当将学生作为课堂主体，以学生为中心，改变传统的"教"为主的教学方式，突出学生"学、做"的课堂地位，将教学做合而为一。这不仅能有效促进体育课堂效率，展现小学体育课堂"学而做，做促学"的实践性，符合小学阶段学生的能力发展规律，对于小学生的整体发展具有积极意义，更契合当前"双减"背景下的体育课堂教学发展新样态。

二、"教学做合一"理念在小学体育教学中的新样态研究

在传统的教学模式中，以教师的"教"为主，老师教什么，学生学什么，束缚了学生的个性发展，长此以往他们就会慢慢地丧失学习的兴趣和信心。随着陶行知先生"教学做合一"教学理念的不断影响，教师关注到了学生的发展是具有规律性的，学生是拥有巨大发展潜能的，学生的核心素养开始被重视，传统教学模式开始改革，尤其在小学体育教学中，"教学做合一"的理念在小学体育课堂中得到良性发展。

（一）精教，营造和谐教学氛围

传统的体育教学模式缺乏有效的教学方式，束缚了学生自我探索的学习天赋，禁锢了学生自由比赛的欲望，让课堂无趣乏味，缺乏应有的生机。基于"教学做合一"这一教学理念，打破传统模式，用"精教"营造和谐的课堂教学氛围，有效将"精教"发挥最大作用。

1. 精细关键技术教学，突出教师导师作用

小学体育课堂教学中包括走、跑、跳、投、体操、球类等多种类别的运动项目学练。受教师个

作者简介：赵淑芳，浙江省平湖市新埭中心德育处副主任、高级教师。

人技能水平、天气、场地等因素的影响，很多项目的教学都是点到为止，学生没有掌握项目的关键技术，导致小学六年的体育课程学习结束后，可能出现投掷垒球的出手动作和篮球三步上篮也做不对等现象。因此，体育教师在课堂教学中一定要将关键技术的教学精细化，将动作的关键原理讲清楚、做明白、练到位，才能让学生真正掌握该运动项目，突出体育教师在课堂上的导师作用。

2. 精简单一动作教学，激发学生探究学习

在体育课堂教学中，体育教师经常会把运动项目的动作技术拆解开，一一进行学练，往往一个单一动作练习较长时间，将所有拆分动作学练结束要花好几课时，学生的学习兴趣就在这单一动作的学练中消耗殆尽。体育教师要学会精简单一动作的教学，将课堂回归本真，让学生成为课堂的主体，在将单一动作的关键技术教授学生后，让其开展自主探究学习，并将整个动作串联起来。甚至可以在简单技术的教学中，让学生先尝试学练，再根据学生的尝试学练情况进行指导纠错。

以二年级投掷垒球为例，传统教学就是先学练原地投掷动作，一遍又一遍地练习，还要提醒学生，注意出手角度，蹬地转身旋臂等，二年级的学生无法完全理解专业术语。教师可以抓住学生爱玩的天性，设置打雪仗的游戏，用纸球代替垒球，分组在场地上打雪仗，有条件的在排球场等有一定高度的网的场地上开展，设置简单的游戏规则：第一，从肩膀上方投掷"雪球"；第二，"雪球"必须经过网的上方才算有效。这样学生就能在愉快的氛围和简单的游戏规则中开展探究式学习。

3. 精心培养助教小先生，帮助课堂有序开展

同伴间的榜样示范作用是巨大的，陶行知先生提出"小先生制"，不管是体育课堂，还是其他学科，同样适用。相较于教师一对几十的教学效果，同伴间的帮助更能促进课堂效果的提升。教师在运动项目的学练中要关注能力较强的学生，培养小先生，让他们承担助教的角色。打造生生间的师徒结对学练模式，能增加学练的趣味性，提高学生的参与积极性，多方面促进体育课堂的有效性。

（二）乐学，丰富多样学练方法

"教学做合一"强调学的方法，以学生为中心的"学"占据主体地位，乐学更能促进多样学练方法的生发，丰富课堂的学练方法，真正实现学生核心素养的发展。

1. 乐于模仿式学习，奠定运动技能基础

在一些运动项目的教学中，模仿练习是很重要的教学手段。通常学生对于大部分运动项目的动作概念是比较模糊的，对于教师的讲解一知半解，没有实际动作概念。教师通过示范，让学生建立对动作的初步印象。接着跟随教师进行模仿练习，逐步明确练习项目的动作要领，为后续完善动作技术奠定坚实的基础。这也是学生乐于接受的学习模式。

以武术操的学习为例。在小学体育课堂中，不管是教师的教还是学生的学练，武术课都是最具难度的。武术的教学过程一般采用教师示范、学生模仿的教学方法。教师在教学前，将所要学习的武术套路配以合适的音乐完整展示给学生看，极具劲道的发力，干净利落的身手，必定会吸引所有学生的眼球，瞬间激发学生参与学习武术套路的欲望。

2. 乐于探究性学习，触发项目个性发展

学生的主体地位体现在对于学习的自主探究上，和其他学科一样，体育课堂需要探究性学习。很多运动项目如障碍跑、篮球运传技术等，更适合探究性学习。教师不可能将所有的障碍都用一种固定的方式教授给学生，更有效的方法是让学生根据自身的身体能力，尝试不同的过障碍方法，以此找到最适合自己的方式。比如跳跃能力强的学生在过中低栏杆障碍时，选择跨越式，而身材矮小又灵活的学生可能选择钻过去。又比如在篮球比赛中，二对一和二对二时的运传选择方式是不同的，甚至同在二对一的情境下，场上队员位置的不同，移动速度的快慢，导致每一次的运传都是不同的。因此，需要学生乐于去进行探究式的学习，以触发学生个体在不同运动项目的个性发展。

3. 乐于合作型学习，和谐课堂学练氛围

由于体育课堂的实践性，合作在课堂上发生得更为频繁。有基于项目特征的合作，如接力赛、足球赛、"8"字穿花等；有基于练习方式的合作，如排球双人对垫、篮球运传等。合作在体育课堂上无处不在，小学生具有新奇的想象力，惊人的创造力，能让合作学习碰撞出智慧的火花，产生无限的可能性。教师要注重培养学生乐于合作的学习习惯，让合作型学习成为学生的重要学习技能。

例如在往返跑教学中，运用"抢夺物资"的情景教学，教师只给出简单的游戏规则，小组合作让学生在遵守规则的基础上，自己定夺出场顺序。很多学生会联系到"田忌赛马"的典故，利用小组成员的个人优势进行排兵布阵，将游戏进行最优化，从而促进小组在游戏中的获胜率。这不仅是游戏的胜利，更是同学间齐心协力、有效合作的体现，促进了体育课堂和谐的学练氛围。

（三）善做，融合多维技能掌握

教育是一种社会生活现象，教与学是为了做。在以实践为主的体育课堂，善做显得尤为重要，它更能促进多维技能的掌握，更能适应社会生活现象。在"双减"背景和全民健身的理念下，学生自我支配时间增多，自我运动需求日益增长。如何利用"做"，让学生掌握多样的运能技能，养成终身体育的好习惯，也是我们体育课堂努力的方向。

1."教学"为"善做"，对接生活技能

陶行知先生提出：教与学都以做为中心。我们的体育教学亦是如此。在体育与健康教材中，兼具了走、跑、跳等诸多身体基本能力的单元。很多人会觉得走跑跳不学也会，为什么还要学呢？学生的基本身体活动能力是发展学生体能和学练专项运动技能的基础。所以，体育课堂中学习走，并不是只学表面的人人都会的走的动作，而是通过不同形式的走，发展这个动作背后所能发展的身体能力，从而对接到生活的技能，即基本运动技能。让学生以生活为出发点，在体育锻炼中能更好地融合运动技能，发展身体综合素质。

2."善做"促"教学"，适应身心发展

让学生主动地参与运动，养成终身体育的健康生活观念是学校体育教学的终极目标。学生的运动能力即"做"，"做"是"学"的升华，是学生在乐学中习得项目技能，促进"做"的发生，并在不断的实践中提升自己"做"的能力，达到"善做"等级，即具备较好的运动能力。在具备较好的运动能力的这个过程中，会激发学生更多地参与运动锻炼、习得运动技能的欲望，在实际"做"的过程中，实现"教"和"学"，促进教学的良性发展。

陶行知先生说："事怎样做便怎样学，怎样学便怎样教。"善做让学生学会在实践中探究和思考，从而在获得理论知识的同时，能够收获丰富经验和体验，实现激趣教学。通过这样更迭不休的良性发展适应学生的身心发展，有效促进身体综合能力。

3."教学做"合一，助力生命成长

"双减"背景下的学校体育教学不仅仅是"身体教育"，更是"生活教育"。《义务教育体育与健康课程标准（2022年版）》中也强调从"知识与技能为本"向"以学生发展为本"转变。[3]体育课堂不仅仅停留在享受乐趣、学会技能和增强体质的纯体育层面，更是朝着锤炼意志、健全人格和发展素养的更高层次目标发展。"教学做合一"，让学生的体育能力和综合素养均能得到切实提升。善做促进乐学，乐学才能精教，教学做合一，助力学生的生命成长，充分体现了陶行知先生"生活即教育"的主张，也契合了"双减"视域下"培养学生体育核心素养"的主旨要求。

三、小结

在当前"双减"视域下将"教学做合一"的理念融入小学体育课堂教学中，不仅契合新课标下的体育教学改革，更让学生在"双减"的当下，通过课堂的学习，把体育技能生活化，让教更精练，让学真发生，让做更自然。

参考文献

［1］中共中央办公厅，国务院办公厅.关于进一步减轻义务教育阶段学生作业负担和校外培训负担的意见［Z］.2021.

［2］朱肃霞.陶行知"教学做合一"之原点观及与五育融合之关联［J］.上海教育，2022（4）：66—67.

［3］中华人民共和国教育部.义务教育体育与健康课程标准（2022年版）［M］.北京：北京师范大学出版社，2022.

‖ 调查与报告 ‖

大学生记者团在学校宣传体系中的现状调查与展望

——以上海师范大学天华学院大学生记者团为例

屠　潇　陆建非

摘　要： 文章以上海师范大学天华学院学生记者团的建设为视角，通过溯源考证和问卷调查，对十年以来学生记者团的发展情况展开调查，聚焦考察高校宣传职能部门作为重要的育人平台和阵地，充分发挥和运用育人资源的一般路径。调查分析显示，对育人机制、育人方式和育人平台的不断创新，不仅有效提升学校宣传职能部门的工作力量，更切实促进大学生综合能力的成长。同时，文章还进一步对完善机制设计、丰富项目资源供给、深化产教融合提出建议，以满足社会对新媒体应用型人才的需求，彰显"第二课堂"的育人成效。

关键词： 学生记者团；宣传职能部门；综合能力；育人功能

一、调研背景

习近平总书记在全国宣传思想文化工作会议上做出重要指示，宣传思想文化工作事关党的前途命运，事关国家长治久安，事关民族凝聚力和向心力。高校宣传思想工作承担着培养中国特色社会主义事业的建设者和接班人的神圣使命，是大学生思想政治建设工作的固本工程。针对目前高校面临的时代特点，驻足"立德树人"的使命之根，站在"教育是国之大计、党之大计"的政治高度，牢牢把握党对民办高校意识形态工作的领导权显得尤为重要。宣传工作是展示学校特色和师生学习、生活的重要渠道和窗口。在新媒体时代，学校的各个新媒体传播宣传平台成为五湖四海师生们凝心聚力的沟通法宝。但任重道远的宣传思想工作需要足够的宣传力量，仅仅依靠宣传部门显然难以应对，借助大学生的力量，培养一支技能、思想过硬的学生宣传队伍十分迫切。

2014年，上海师范大学天华学院成立大学生记者团，由党委宣传部直接负责引导和管理。经过十年累积，宣传部逐步健全、完善学生团队各项制度，开展了卓有成效的宣传工作学生团队育人创新性实践，使学生记者们活跃在学校各个角落，实现了管理模式与育人模式的融合，并取得了显著成绩。宣传部运用陶行知先生提出的"小先生制"教育思想，将"教学做合一""生活即教育"等理念以"即知即传"的方式进行传播，从而在为学生记者们提供专业理论知识、专业技能培训和社会实践机会的同时，促使记者团形成互学互助、教学相长的浓厚氛围，提升学生记者们的综合能力。在大学生就业形势日益严峻的背景下，对记者团成员的成长和职业规划形成良性影响，拓展了就业面，助力职业成长。

本次调研旨在充分了解记者团在学校宣传体系中的现状，探索高校宣传职能部门作为重要的育人平台和阵地，如何充分发挥和运用蕴含丰富内容的育人资源，解决发展面临的实际困难，促使记者团进一步发展。为满足社会对新媒体应用型人才的需求，展现"第二课堂"的育人成效，也为其他高校的宣传工作提供参考。

二、调查过程与结果

（一）调查对象

本次调研采用抽样问卷调查和访谈（座谈、个人）的形式。共发放问卷101份，收回问卷101份，其中有效卷101份。问卷涵盖历届记者团成员，其中涉及大一至大四在校记者团成员共计84人，已毕业记者团成员共计17人。

作者简介： 屠潇，上海师范大学天华学院宣传部长助理、上海大学历史系博士；陆建非，上海师范大学天华学院党委书记、教授。

开展座谈会和个人访谈若干次。调研历时一个月。座谈会邀请了 10 位记者团历届团长、组长等，他们就学生时期在记者团的工作经历、所学知识技能与现在工作岗位的关联度、影响力等逐一发言，分享感悟和体会，并对记者团的未来发展提出意见和建议。

（二）调查方法与内容

为确保调研效果，校党委书记陆建非召集专题会议，精心准备，严格把关。

首先，对天华学院学生记者团进行溯源考证，统计十年来，历届学生记者团人员的流动性、巩固率并了解其人员结构情况；对该团的组建缘起及运作机制、宣传工作路径、综合素质的培育机制、管理制度、工作流程等进行梳理。

第二，从学生记者团资料库中合理抽样，实施个体情况追踪，确保调查样本信度和效度。

第三，制定问卷调查表，全面了解学生记者团历届学生的职业发展状况，并进行梳理、分析、研判（见表 1）。

第四，召开座谈会，进行面对面沟通交流，对团队和个人的发展提出意见和建议，体现真实性和即时性。

表 1　大学生记者团调研框架

一级指标	二级指标	要素与观测点
基本情况	关联度	职业规划、学习专业与记者团工作关联度
	认同度	对记者团、学校工作及个人发展的了解度与满意度
对学习、职业技能的影响	阅读能力	新闻、报纸及阅读量方面的进步
	思维能力	写作能力、构思能力方面的提升
	鉴赏能力	文字、图像、音频等的编排和美术加工技能的提高

（三）调查结果

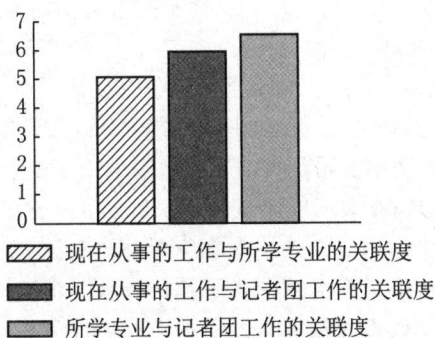

图 1　基本情况—关联度的平均得分

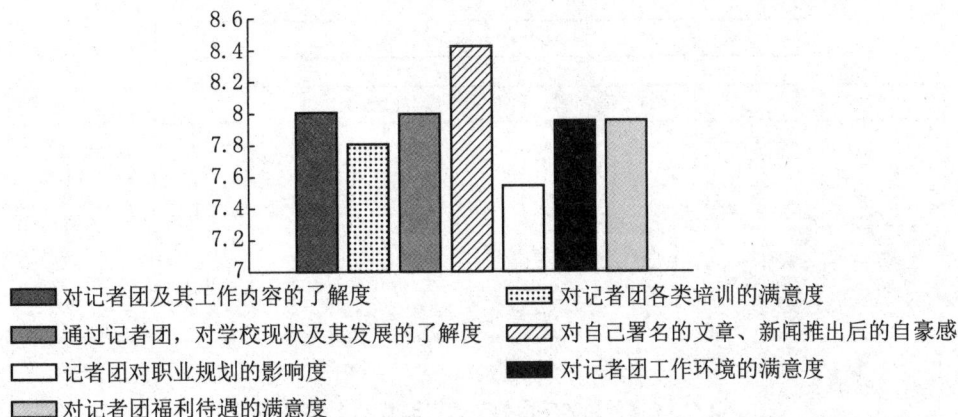

图 2　基本情况—认同度的平均得分

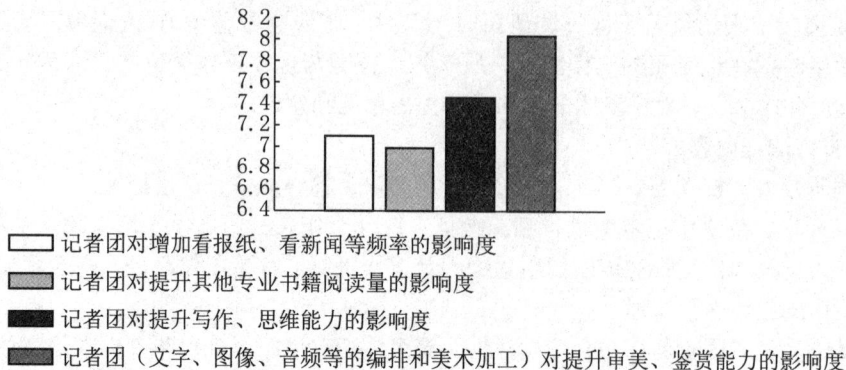

图例：
- 记者团对增加看报纸、看新闻等频率的影响度
- 记者团对提升其他专业书籍阅读量的影响度
- 记者团对提升写作、思维能力的影响度
- 记者团（文字、图像、音频等的编排和美术加工）对提升审美、鉴赏能力的影响度

图3　对学习、职业技能影响的平均得分

截至2023年6月底，调研组共发出101份调查问卷，收回有效问卷101份。汉语言文学、影视与制作、学前教育、数字媒体四个专业的记者团学生参与调研较多，其中大一、大二的学生活跃度较高。

通过问卷显示，学生看到署有自己名字的文章、新闻报道等推出后，自豪感最高。有80%的学生认为，在记者团工作，对学校的现状和发展有了更深的了解，对记者团的工作环境和福利感到满意。比较突出的是，学生认为在加入记者团后，文字、图像、音频等编排和美术加工能力得到显著提升，有71%学生觉得在记者团工作增加了看新闻、报纸的频率，近70%的学生有效提升其他专业书籍的阅读量，并使各专业成绩得到提升。76%的学生认为加入记者团后影响了自己的职业规划；在参与问卷调查的已经毕业的17名记者团学生中，11名学生从事的工作与记者团工作具有很高关联度，而仅有6位学生认为工作与所学本专业有关。值得一提的是，在过去5届（第4—8届）担任记者团团长的毕业生，无一例外从事与新闻宣传、新媒体运营等相关工作。

三、路径与策略

（一）记者团的组建及运作机制

2014年5月，为充实学校宣传队伍，党委宣传部吸收擅长写作、摄影的在校学生组建学生记者团。每年进行换届，至今已经是第十届。记者团由党委宣传部新闻办进行管理，由2—3名宣传干事组成工作领导小组，直接指导管理记者团，在性质上属于平行于校学生会的校级学生组织。

目前第十届校学生记者团共60人，设团长1名，副团长2名。下设4个中心，分别为采编中心、新媒体中心、摄影中心和美编中心。采编中心负责采访工作、新闻与文案的撰写；新媒体中心下设语音组和视频组，其中视频组负责运营视频号和抖音号，拍摄抖音和剪辑视频；摄影中心负责会议、活动以及校园风景、学子风采的拍摄与录制工作；美编中心负责排版、制作海报，以及文创周边的策划与设计等。团长负责全团工作，副团长协助管理，并各有负责板块（见图4）。

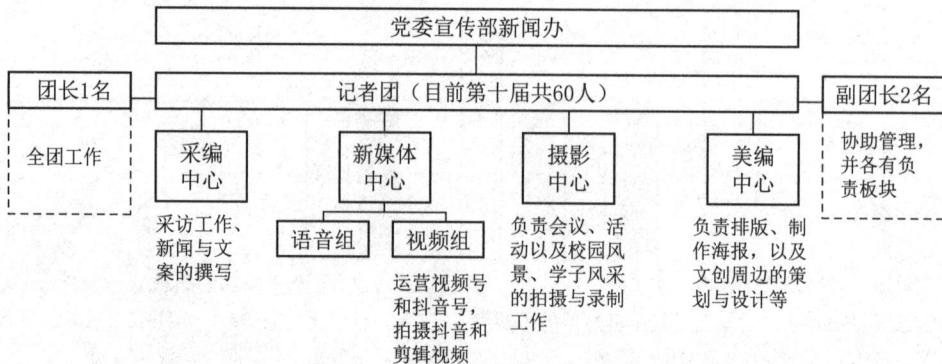

图4　上海师范大学天华学院学生记者团组织结构图

1. 学生记者团的招聘选拔机制

通过在校园张贴海报、发送招聘启事、组织宣讲会等形式实现。各中心对吸纳新团员各有要求。采编中心要求入选者擅长文案写作、选题策划，偏重文字驾驭能力；新媒体中心要求入选者拥有基本的视频、音频剪辑制作技能，重视创造能力；摄影中心要求入选者具有摄影、摄像的热情，具有一定经验，强调基本技能；美编中心则要求入选者基本了解和运用各类软件，并对微信公众号排版、后期制作有心得。招聘流程分笔试、面试，笔试考卷、面试问题由记者团自行编辑，经指导团审核后发布。新入团成员设置一个月考核期，表现良好者"转正"。

2. 学生记者团日常考核机制

记者团各中心主任制定日常考核表，针对学生记者团成员的工作参与程度、新闻策划能力等表现进行考核，以"月"为单位，由宣传部奖励表彰"月度"优秀记者。最后以学生自愿继续留在记者团为前提，择优选拔为下一届中心主任；而正副中心主任的表现则由正副团长、指导教师直接考核，指导教师根据正副团长考核情况，以个人意愿为前提指定下一届正副团长。

3. 学生记者团能力培养机制

宣传部着力加强技术培训，尤以数据新闻、短视频制作为主；拓宽实践平台，多与校外媒体机构联系合作，让学生有更多机会接触到实际的新闻采编工作；强化国际视野和跨文化交流能力；提升团队协作能力，互教互学、共同成长，不断丰富和发展陶行知"小先生制"的内涵与形式；建立反馈机制，及时收集学生意见和建议，以便对培养模式进行优化和更新。

（二）学生记者团宣传工作机制

1. 多渠道宣传主流价值观

学生记者团深度参与学校主流新闻采编，以学校官网、微信公众号、视频号、抖音等为载体，全程跟踪报道学校重要会议、活动，各类讲座、报告、主题党日、主题班会等。利用各类节庆营造并彰显天华校园文化，弘扬民族传统和时代精神。

2. 多视角挖掘师生典型

学生记者团自主开设"人物专访""我们不设防"等栏目，及时报道在教学、科研、管理等方面获得突出成绩的教职员工典型案例，树立在专业学习、社会实践等方面有优异表现的学生榜样。2018年起宣传部在公众号上开设个人专栏，由各个专业的教师组成，撰写思政、语言、艺术、生物、心理等小文章，由记者团直接排版编辑，以点带面地充实丰富校园多元文化。

3. 多维度展示校园生活

记者团拥有较大的自主策划、管理等权限。围绕党建、教学、科研、艺术创作、对外交流、社会服务、学生管理等，多维度展示学校全貌。在对外交流合作、创新创业工作项目、社会实践基地建设等方面跟踪报道；在学生校园生活、后勤管理等方面进行专题报道，并参与学校管理，例如，2021年疫情期间，在学生记者团的持续关注下，经过协调，为参与线上复试的考研学子争取了在图书馆研讨室进行复试的安静环境；同年，制作有关垃圾分类的纪实片，展现了后勤阿姨辛劳的一天，产生了良好的育人效果。

（三）学生记者团的培育机制

1. 思想政治素养培养

抓牢学生记者团的思想政治教育是做好学生参与宣传工作的前提。指导团队定期召开会议传达学校事业发展的战略谋划和工作部署，加深学生记者们对学校各项工作的认识和了解，同时依托"民创计划"，邀请校内外专业思政教师专门为学生记者团授课。定期组织他们围绕国家大政方针和时事热点开展理论研讨和实践活动，提升对意识形态宣传工作重要性紧迫性的认识，弘扬爱国主义精神，培育社会主义核心价值观，强化文化传承发展使命感。

2. 基本业务能力培养

为提升学生记者团的新闻敏感度，新闻采写、摄影摄像、设计排版、视频剪辑等技能，指导团队定期邀请校内外专业人员对学生记者进行专业培训。自2019年起，专门开设《新闻采访与写作》选修课，系统讲授新闻采编课程，有针对性地培养该团在学生活动、学术讲座、党政会议、竞赛获奖等不同类型新闻的采编方式和技巧，弥补学校无新闻专业的缺憾。2018 年至 2020 年，宣传部承办的"民创"计划 B 类项目连续 3 年重点扶持大学生记者团训练营建设。2023 年，宣传部借鉴大学生记者团训练营建设的成功经验，创建了同城 C 类学生宣传队伍平台建设，邀请沪上官媒"上海发布"、上海交通大学党委宣传部、华东师范大学党委宣传部、上海外国语大学全球文明研究所、中国新闻社的负责人和工作人员，以及"天下秀"企业的资深讲师等一线新闻人和行业专家传授学生负责人管理能力、网络舆情管理、新媒体采编技巧、摄影摄像技巧，并开展采风活动，充分发挥该平台对全市民办高校的平台支撑和辐射作用，为全市民办高校的学生宣传骨干搭建互学互助、交流协作的平台，为全市民办高校培养起一支理想信念坚定、专业技能突出、组织结构完善的学生宣传队伍。

3. 新媒体素养培养

新媒体时代对学生记者团的宣传工作提出了新要求。在此背景下，指导团队特别注重提升学生记者团对各类平台的掌控、使用、更新等能力，引导、培育他们成为贴近青年大学生的"意见"领袖，支持个人"文创"制作，树立"品牌"意识。第六届校大学生记者团副团长离开母校已有两年，她回忆道："四年大学时光，四分之三的记忆属于记者团。记者团的工作虽然忙碌，但每一次都是积累经验的过程，更是一种磨砺与锻炼。"在记者团里，来自各学科各专业的学生不局限于各自专业，都具备集采、写、编、剪多种能力于一体的"单兵作战"能力。此外，指导团队重视提升记者团明辨是非的能力，丰富知识储备，增强政治敏感度，使他们在纷繁复杂的信息世界中保持理智、坚守底线。

4. "小先生制"团队培养

宣传部"放手"让记者团拥有自主策划、管理、运营等权限，团队强调学生进行自我管理、自我规范。记者团的学生之间即知即传、以老带新、互助互学，师生间也互为主客，更以各个中心间的合作学习、小组活动为基本形式，突出学生主体地位，充分发挥学生自主学习能力，形成良好的团队合作精神。通过对陶行知"小先生"教育理论的"再创新"，弥补了学校无新闻专业的掣肘，将团队经验成果不断向外辐射。

2023 年 10 月，依托"民创计划"，第八届副团长（已毕业创业）率领创业团队返校为全市民办高校的学生宣传团队作摄影基础技巧、短视频创作、后期制作技巧培训，受到了记者团的热烈欢迎，成为最有人气的"学长"。而由历届记者团成员创立的工作室，也成为了记者团成员们交流经验、资源共享的"根据地"。

四、经验与反思

（一）鼓励学生团队参与学校意识形态管理的全新理念

党委宣传部的 3 位年轻教师组成指导团，指导大学生记者团的工作。3 位教师具备不同的学科背景，拥有硕、博士学位，在党建思政、新闻采编、艺术设计方面各有所长，长期从事宣传工作，关注并助力学生个人成长，给予学生充分的创作、管理空间，发挥他们的主动性和创造性。并与记者团成员建立起亲密的联系，深得学生喜爱和信任，塑造了"话不多、事不拖、人不作"的团队形象，形成健康和谐、积极向上的氛围。

鉴于记者团是由党委宣传部直接管辖和指导，学生记者的政治敏感性、政治站位、舆情公关处理能力等较之其他学生团队显得更高。记者团常常全程参与中心组学习、党政会议、学校重大部署、战略发展会议等，耳濡目染地学习领习近平总书记关于意识形态工作的重要论述，积极参与校园新媒体传播体系建设，自觉运用网络传播规律创新开展校园宣传实践，认真讲好学校师生员工的生动故事，努力提升学校微信公众号、视频号的传播力、引导力、影响力、公信力，对巩固、壮大新时代的学校主流思想舆论和价值观做出了很大的贡献。

（二）打造高校职能部门参与"三全育人"的全新体系

高校职能部门蕴含着丰富的教育资源，应该充分发掘和运用。记者团则提供了一个全新的模式，将刻板机械的职能管理发展为培养人才的延伸和辅助手段，彰显个性化和多样性。在记者团孵化培养的过程中，不仅有宣传部的参与，组织部、工会、财务处、马克思主义学院、通识学院、国际交流学院等职能部门以及二级学院都给予鼎力支持和帮助，参与到各个部门和学院的新闻发布、技能培训以及课程建设中。相关职能部门的"隐形课程""潜在资源"都为记者团的成长发展提供了沃土。第十届记者团团长说："记者团让我学会了各类排版技术和制作海报的方法，培养了我写新闻稿和新媒体写作的能力，但是更深层面来说，记者团让我学会了如何去沟通和协调相互之间的工作。可以说这也是一门学问、一门艺术，人与人之间的交流是很重要的。"此次调研结果表明，这种学生实岗实职的锻炼，为高校职能部门参与育人全过程提供一个全新的、可借鉴的方式。

（三）助力学生就业创业成长综合能力的全新模式

近年来高校毕业生就业形势严峻，但从追踪的调研和统计来看，担任过记者团团长、组长的学生就业情况优良。有些学生在新媒体运营技术上不输双一流高校，例如：第五届团长通过激烈竞聘，入职广西北部湾国际港务集团有限公司党委宣传部企业文化建设部融媒体中心，并负责企业文化建设、中心组学习、媒体接待、新闻宣传等工作；第七届副团长入职上海市普陀区人民政府融媒体中心，任全媒体编辑，负责 60 万粉丝的微信公众号运营工作以及海报、长图、h5 等美术编辑工作，独立制作的作品多次获得破万甚至破 10 万＋的阅读量，在 2023 年 3 月获得中共上海市普陀区党委宣传部颁发的普陀融媒十佳作品。凡在记者团两年以上的成员，就业方向多与宣传、媒体相关，并在入职的企事业单位中颇受重视。记者团中擅长摄影和视频剪辑的学生，更是在毕业后创立自己的工作室，并将经验传递给新成员。

总之，记者团的锤炼使得成员们的职业规划清、上进心强、自信乐观，为持续发展注入源源动力。

五、意见与建议

（一）丰富"小先生制"的现代意义，营造互助互学氛围

2023 年，天华学院党委宣传部以学生记者团的建设经验为依据，成功获批"民创项目"C 类小平台建设项目。在今后的工作中，将进一步整合各校间的学生宣传队伍资源、搭建经验分享平台，加深校际宣传部的互相交流合作，辐射上海市所有民办高校的学生宣传队伍，在更广阔的平台上彰显"小先生制"的特色与能量。

（二）设立勤工俭学岗位，形成多元助学体系

在宣传部设立学生记者勤工俭学岗位，持续给予资金支持，对参与宣传工作的贫困学生给予倾斜。通过完善"奖、勤、助"多元资助体系，关注记者团成员的合法权益，缓释过重精神压力。同时，加强感恩教育，让他们在健康和谐的环境中高质量完成岗位任务。

（三）产教融合协同育人，深耕创新创业土壤

大学生记者团的培养模式是集新闻、传播、设计、制作等于一体的多维模式，有利于跨学院、跨学科的交叉融合、互动发展，与市场、产业需求相统一。记者团经过十年发展，不少成员在毕业后，甚至在校期间就参与创业，培育了 3 家小微传媒制作企业，同时反哺校园，帮助宣传部、各二级学院进行大型活动拍摄、视频制作等。在今后的发展中，我们将继续把产教融合、协同育人理念贯穿于人才培养的全过程中，组建跨学科、跨专业师生探究式学习共同体，营造校园创新创业文化生态良性循环。

未来，无论是构建学生深度参与的学校宣传体系，还是持续促进产教融合推陈出新，天华学院大学生记者团都将作为一个不可或缺的角色勤勉探索，勇毅前行，为学生点亮理想明灯。

少先队活动中培养学生自主能力的基本路径

梁晓琴

摘　要：自主能力的培养是以发挥学生的主体性、能动性、独立性为宗旨的，强调学生自己做主的教育方式。通过多种形式的少先队活动，逐步培养学生的自主能力。民主构建中队公约，培养学生的自主意识，让学生产生对规则的认同感；在打造"金字招牌"的活动中，激发学生的自信心，进而产生强大内驱力，做好自我管理；结合学校"书香润童年，阅读伴成长"的教育主题搭建书香平台，提升学生的自主能力，创建自主集体。

关键词：少先队活动；自主能力；基本路径

在少先队活动中培养学生的自主意识和自主能力，创建少先队自主集体，是学校工作不可或缺的一个重要方面。我在本学期做了尝试，有了收获。获得学生的信任，进而培养学生良好的自主能力，形成良好的班风，是我这个学期着重开展的工作。

一、民主构建中队公约，努力培养自主意识

"没有规矩不成方圆。"因为疫情，我班学生经历了近半年的居家学习，对学校生活的规则有所淡忘，加上个性化的孩子比较多，所以，统一思想、制订公约是首要工作。但是公约的制订不能是老师一言堂，要充分调动学生的主观能动性。因此，中队公约应是全体队员共同制定、认可的规则。学生自主制定中队公约更有利于营造良好的学习环境，建设团结友爱的班集体。

五年级的学生自主意识增强，他们有强烈的主人翁意识。于是，我利用开学初的一节队会课，和学生讨论应该如何制定中队公约。中队公约应该根据中队实际情况来制定。根据中队近期学习、纪律、卫生的实际情况，全体队员讨论想要达到的目标。根据中队建设目标，再提出具体的公约内容。

学生经过讨论提出了如下建设目标：学习认真、纪律优秀、教室整洁、同学团结。根据全体队员提出的建设目标，每位队员再提出 2 到 3 条具体的公约内容。接着，分小队进行讨论。在小队长的带领下，全体小队成员对不合理的内容和重复的内容进行删减，增加大家都认为重要的内容，由记录员记录大家的意见，形成一份小队公约提案。然后，在中队长的带领下召开中队干部会，讨论各小队的公约提案，再一次对不合理的内容和重复的内容进行删减，增加大家都认为重要的内容，形成一份中队公约草稿。最后由中队长在全体队员面前逐条宣读公约，大家逐条表决，最后形成中队公约。

班集体就是一个大家庭。这样的公约"从学生中来，到学生中去"，才容易被学生接受和共同遵守。而且在制定中队公约的过程中也充分调动了学生的积极性，培养了他们的自主意识。

二、打造中队"金字招牌"，努力做好自我管理

在 2023 年 10 月的"行为示范班"的评选活动中，我们班落选了。当乔主任在阳光电视台宣布获奖班级时，孩子们先是充满期待地听着，随着一个个班级的报出，他们越来越沮丧，最后发觉没有我们班时他们失望地垂下了头，连连叹着气。

如何让他们清楚地认识到自己的不足，发现班级闪光点，重新建立信心呢？

我利用队会课和大家讨论这次落选"行为示范班"的原因。孩子们的眼睛是雪亮的，他们愤愤不平地说：××校车不遵守纪律，××走廊奔跑，××不戴红领巾。我对孩子们说：这些只是个

作者简介：梁晓琴，上海市民办东展小学高级教师。

别现象，我们小龙人中队是一个集体，如果一个集体是充满正能量的，那么这个集体就像一个充满阳光的屋子，连灰尘都会跟着翩翩起舞。我们每个人都要做一束光，在班级发挥自己的正能量，照亮全体队员。我相信，当我们每个人都自觉遵守学校的规则时，那些暂时忘记规则的同学也会被我们影响到，也会开始遵守规则的。

稳定了学生的情绪后，我就宣布班级里准备开展一项活动——打造班级"金字招牌"。孩子们说就是表示我们做得比别的班级好。我说对，我们可以在哪些方面做得比别的班级好呢？经过讨论，大家一致决定先从路队开始打造"金字招牌"。因为路队最能体现一个班级的精神面貌。

经过观察，我发现我们班小宇每次走路队就像一个雄赳赳气昂昂的小战士，我在班级里请他做示范，然后大家反复练习。如何立正，如何齐步走，如何摆臂，一个动作一个动作地练习，一个人一个人地纠正。

不坐校车的放学路队走得最有精神。小宇作为路队长喊口令声音洪亮有力，自己带头走得精神饱满。后面的同学也学着他的样，挺胸抬头，精神十足。为了调动大家的积极性，我请每个学生轮流当路队长，他们会学着小宇的样子，洪亮有力地喊口令。因为体验了路队长的辛苦，当自己做队员的时候就更听从口令，动作更整齐了。我们班的放学路队常常得到老师们的表扬。于是我将第一块金字招牌"放学路队金字招牌"颁发给了放学路队的孩子们。

拿到了第一块金字招牌，孩子们的自信心慢慢回来了。在这些同学的带动下，我们班出操路队也走得越来越有精神，在学校的出操路队评比中我们班拿到了年级第一名。于是我又颁发了第二块金字招牌"出操路队金字招牌"给全班同学。拿到这块金字招牌，自信的笑容在孩子们脸上绽放。

接下来我又和孩子们讨论，我们还打算拿到什么"金字招牌"？他们说两分钟预备铃、专用教室路队……有了这份自信和班级凝聚力，我相信孩子们会越来越棒。果然，在11月的行为示范班评比中，我们班如愿获得了"行为示范班"称号，当班级门口悬挂上小红旗时，全班响起了热烈的掌声。

一个优秀中队的建设离不开每位队员的自我管理，因为，只有学生最熟悉自己中队的情况，最了解每位同学的想法，最能发现中队中存在问题的根源。因此，充分发挥每位队员的主人翁精神，让他们个个都成为中队建设的参与者，在中队建设中培养了学生的自我管理能力。

三、搭建书香平台，努力创建自主集体

这个学期学校的专题教育围绕"书香润童年，阅读伴成长"展开。我们班也以此为平台开展了一系列的阅读活动，在活动中引导孩子们自主创建小组，从而实现学生个人能力的提高。

1. 自主制定阅读计划

"阅读"活动开展之初，学生自主制定了计划。自主制定计划能让他们充分了解本次活动的目的和内容。学生根据学校规定的精读、泛读书目，再结合自己的兴趣爱好选择了自主阅读的书目，制定了富有个性化的阅读计划。在自主制定计划的过程中，孩子们对自己的阅读兴趣和希望拓展的知识有了清晰的认识。

2. 围绕主题开展阅读

每个月围绕不同的主题展开阅读，将阅读和育人有机结合。如11月的阅读主题是"爱是永恒的主旋律"，孩子们通过阅读书籍，找到书中人物相互关爱的片段，体会人物之间真挚的情感。通过主题阅读，让每个孩子做一个快乐的读书人，从书中汲取精神的养料，并从中感受真善美的意义。最后孩子们还将读书笔记制作成了"爱是永恒的主旋律"读书小报，相互交流。在这样的主题式阅读中，孩子们懂得同学之间也应该这样互相关爱、互相包容，在平时的生活和学习中弘扬真善美。渐渐地，小龙人中队的队员们闹矛盾的少了，团结友爱的多了；斤斤计较的少了，宽容大度的多了；互相指责的少了，互相帮助的多了，形成了团结友爱其乐融融的氛围。

丰富多彩的活动不但可以丰富学生的校园生活，更能提升学生的自主能力。以学生民主构建中队公约为契机，让学生产生对规则的认同感；以学生自主打造"金字招牌"为动力，激发学生的自信心，进而产生强大内驱力；以学生自主开展主题阅读活动为载体，营造书香中队的氛围，润物细无声地升华学生的心灵，提升了学生的自主力，创建了自主的集体。在"以班级活动为路径，培养学生自主能力"的研究中我将继续探索，继续前行。

"五育并举"项目化课后服务育人路径探究

——以村小高段学生开展课后服务项目为例

杨敏佳

摘　要：在"双减"的教育背景下，学生完成作业后还留有大量时间，因此，我们必须拓宽服务方式，满足学生多样化发展的需求，提高课后延时服务质量。于是，我们充分发挥教师自身优势，在生活教育理论下设计学生完成作业后五育并举的课后服务新模式，学科融合，统整规划课后服务"项目群"；实践操作，构建课后服务实施文化；评价手册，促成课后服务个性化学习，让学生在开展融合了各学科知识、德育、体育、美育、劳动教育和科技创新等多样化项目研究中培养兴趣，提升能力，促进德智体美劳全面发展。

关键字："双减"；项目化；课后服务

2021年5月，中央全面深化改革委员会第十九次会议审议通过《关于进一步减轻义务教育阶段学生作业负担和校外培训负担的意见》，会议指出：学校作为育人的主阵地，不仅要保障教学质量，还要提供特色化、多样化的课后育人活动。随着托管时间加长，我们调查发现高段学生基本能在二十分钟内完成作业，因此，在家长和教导处同意下，我们联合高段教研组拓宽课后服务范围，引入项目化学习，学生在项目化学习中进行知识整合，解决真实复杂的问题。日常课堂主要是根据学科来划分课时的，课后服务阶段的课时相对灵活，为学科知识整合留出了时间和空间，老师可以带领学生开展更多跨学科的活动，让学生使用多种学科知识来解决真实世界中的问题。不仅让学生巩固了学科知识，还让学生看见了学科知识与真实世界的关联，促进学生全面发展、健康成长，落实五育并举，真正将"双减"政策落地。

一、学科整融，统整规划课后服务"项目群"

（一）问题导向开发主题

课后服务教育虽然不同于学科课程，但也不是与学科完全分开、割裂的。我们在新学期开始会在班级下发《课后服务团队项目驱动性问题表》，学生联系生活填写感兴趣项目的驱动性问题、主要解决的任务以及小组分工。老师将学生的表格收集并根据学生提出的驱动性问题大胆与各科教学结合起来，同时，围绕学科中相关联的资源，挖掘核心知识，结合乡村自然和人文资源，形成项目主题，使学生所学的学科领域知识，在课后服务教育中得到延伸、综合、重组和提升。

（二）整合确定项目主题

根据驱动性问题提出来的主题会多且杂，于是我们联合年级组进行整理和归类，形成各个板块，围绕驱动性问题以及可能解决该问题相关学科知识合理整合后形成大单元板块项目主题，采取两种形式：一是"学科本位、综合渗透"，即以学科内容为核心，建立"相关知识组块"，然后，整合其他学科的相关内容，为解读本学科的学习所用。这并非代替其他学科教学，着重强调教学内容并非孤立的学科知识点，而是多维的"相关学习组块"；二是"相关主题、课程补融"，即突出分科课程间的相容与互补，对具有一定包容互补性的内容，加以整合进行专题设计，形成学科间相似内容的整合。[1]

（三）梳理统整项目主题

我们联合高段各学科任课教师和年段长以及校德育分管领导、副校长在多次研讨的基础上，由

作者简介：杨敏佳，浙江省嘉兴市海盐县于城小学教导处副主任、一级教师。

年段组长牵头梳理统整规划主题，将从学校的整体课程和项目活动设计出发，围绕驱动性问题，结合农村学生及乡村资源特点，设计出高段课后服务教育内容，供学生选择相关项目主题展开项目化的课后活动，学生可根据自己的兴趣和志同道合的小伙伴组队参加到项目化学习中，每学期形成一个循环，从而在各个项目群中锻炼不同能力。我们设计了本学期高段课后服务教育项目化学习内容，有农娃踏绿野、农娃学非遗、农娃爱文明、农娃品乡俗等。预设项目主题，提出问题，让学生在活动中学习知识。

二、实践操作，构建课后服务实施路径

（一）建"三位一体三基地"实施实体，为学生项目化学习提供载体

课后服务课程的项目化实施需要依托一定的课程资源，结合项目课程内容和乡村学生的实际生活，合理开辟富有乡村特色的校内外实践小基地，对学生项目的开展和实施，体验真实的情感，获得实践技能有很大的助力。于是，我们从学校、家庭、社区等方面入手，建"三位一体三基地"实施平台。

1. "三园一场一池"基地建设

我们以校园为中心，开发了校园内丰富的自然资源。校内有一个百草园，百草园种植区设置了弯曲的鹅卵石小路，错落有致地种植虎耳草、鱼腥草、芦荟等诸多常见中草药，边墙布置成介绍中草药名医、药效之最、草药谚语等墙面文化，让学生了解草药作用，开展中草药的项目研究。百果园栽培区里栽种了桃树、梨树、金橘等多种树种，让学生展开植物种养殖和嫁接技术项目研究等。百花园盆景区内种植各种观赏植物，如蝴蝶花、菊花、铁树等多种花卉盆景供学生观赏，展开盆景项目研究，了解盆景造型，学习修改盆景。设立开心农场，将农作物蔬菜种植区按班级划分，结合时令季节种植玉米、黄瓜、茄子等蔬菜品种展开种植项目研究。翠池可展开鱼虫养殖项目研究。

2. "勤种植乐养殖"基地建设

以家庭为圆心，将学生开展的项目学习延伸在家庭，开辟了家庭种植养殖基地展开项目化学习。我们将构藤村肉鸽养殖园定为实践基地，让学生在项目中探究学习养鸽技术方面的知识；也将江渭村长毛兔良种场定为实践基地，让学生在项目中重点探究长毛兔养殖技术知识；和八字村周玉良葡萄园建立联系，让学生在项目中重点探究葡萄高产栽培技术知识；还和于城特种水产养殖场建立联系，让学生在项目中着重探究养甲鱼技术知识等，并聘请了家长作为种养殖技术指导教师。

3. "知乡情品乡韵"基地建设

以农村文化礼堂为半径，通过挖掘本地人文资源和地方文化，建立起社区文化礼堂项目化学习基地。于城各个村文化礼堂的室内都有各村发展史的文化墙和档案室，各村也有各自发展的精神，文化礼堂里又设有很接地气的本村文化特色课堂，如三联村的"海盐滚灯制作"课堂、八字村"传统灶画"课堂、鸳鸯村"传统剪纸和十字绣"课堂等，这些都成为了学生进行课后项目化学习的一部分，是学生们最喜欢去学习的基地。

（二）搭"三流程六步骤"实施支架，为学生项目化学习提供模式

项目探究充满开放性，没有标准答案。学生通过充分讨论、亲身实践，合作完成任务。我们通过构建五育并举下课后服务实施模式来指导学生展开项目化的学习，我们和多位名优、骨干教师设计了课后服务项目化实施模式：

1. 项目主题确定

教师利用多种形式创设情境，激发学生兴趣，选择课后服务课程感兴趣的主题，引发认知冲突，引出本质问题并将其转化为驱动性问题。[2]让学生了解问题，明确探究要求，回忆学过的学科知识，与该项目学习的核心知识联系起来解决项目中的问题。

2. 项目实施过程

学生在晚托班完成作业后，志同道合的学生可以组成基于项目学习的共同体，他们需要明晰任务，制定切实可行的项目实施指南。对于农村的学生来说，这一步较难，需要导师耐心地指导。学生按照项目实施指南展开项目化学习，教师针对项目学习过程中学生的反馈与表现提供专业化的

指导。

3. 项目成果展示

组织学生进行多样化的成果展示。要考虑好成果要点有哪些、用怎样的方式公开呈现出来或应用到个体生活中，还要做好对成果和实践的初步评价要点的设计，在项目完成后，再对成果和过程的评价进行题目、配分的进一步细化。[3]

三、评价手册，促成课后服务个性化学习

评价在五育并举下课后服务教育中起着导向与质量监控的重要作用，依托日常校园生活采用的评价手册形式，我们和学生一起创编了个性化的课后服务项目化学习评价手册。通过富于童趣的多元评价方式，促进个性化学习，真正让课后服务学习教育入脑入心，引领学生德智体美劳全面发展，手册中包含以下内容：

（一）集章式常规课堂评价

在学生课后服务的项目化学习过程中，我们设计了一个日常表现集章表，学生在参加项目学习的过程中，根据项目任务完成情况，会加盖"勤动手徽章"和"勤动脑徽章"，记录学生在项目学习过程中不同方面的表现，留下真实项目学习记忆。集章式常规课堂评价手册上的"徽章"是学生在项目化学习参与度评价的显性输出形式，是评价的一种呈现形式。

（二）贴画式作品展示评价

作品展览式评价是一些有实物作品项目中常见的评价方式，一般是在教室里布置一个展览台，让学生把自己的作品放到展览台上展示。这虽然是常见的方式，却也有一点缺陷，由于教室空间有限，所展示的作品量不多，很多同学的作品得不到展示，而且一个班的同学展示只有本班同学才能看到，其他班的同学看不到。为了解决这个问题，我们让各组学生将课后服务课程所开展的项目中设计和制作的作品以照片的形式贴在评价表上，并对作品进行详细描述，如作品的结构、创新点、使用说明等，将项目中制作的实物在生活中的实际使用照片也粘贴在手账上，写明实际使用效果。

（三）七彩星评价

为了能让评价勾起学生们的兴致，丰富评价的内容，我们引进了"七彩星"评价。这一评价指导着学生们快乐实践和收获。"七彩星"由红、橙、黄、绿、青、蓝、紫七种彩虹色组成，每种颜色都代表一种评价内容，如闪闪红色态度星、灿烂橙色收集星、温暖黄色探究星、友好绿色合作星、沉稳青色反思星、耀眼紫色创新星等，并在项目活动后期进行评奖，看谁获得星星数量和种类最多。

总之，面对"双减"政策新挑战，在课后服务教育中要体现特色优势，有效整融学科课程，结合乡村自然和文化资源，开设出适合农村学生五育并举下的课后服务课程，并引进项目化学习的新型学习方式，为学生提供多样的学习渠道，满足学生多样化的需求，促进学生德智体美劳全面发展。精彩纷呈的多元化课后服务课程内容必将为同学们带来更多惊喜、更多帮助，也必将助力学生实现在项目化学习中五育并举的长远目标。

参考文献

［1］夏雪梅. 项目化学习设计学习素养视角下的国际与本土实践［M］. 北京：教育科学出版社，2018（11）：115.

［2］肖金良. 整合：让综合实践活动课程更具活力［J］. 综合实践活动研究，2016（10）.

［3］杨敏佳. 党史项目化学习路径探究［J］. 中小学德育，2021（8）：52—54.

‖ 教育改革与发展 ‖

陶行知生活力思想在当代学校教育中的实践 *

——以苏州工业园区新城花园小学为例

摘　要：陶行知先生的"生活教育"思想，对于我们当今的教育实践有着积极的指导价值和意义。他的生活力思想，在新时代有着新的内涵。学校以课题研究为引领，正确践行陶行知生活力思想，以项目化学习为途径，聚力提升学生核心素养，以儿童现代生活力发展标准测评为抓手，全面落实"立德树人"根本任务，有力地促进着学生五育并举，素养提升，有力地促进着学生生动活泼地成长。

关键词：陶行知；生活力；核心素养；项目化学习

2022 年 3 月 25 日，教育部印发《义务教育课程方案（2022 年版）》以及《义务教育语文课程标准（2022 年版）》等 16 个课程标准，这标志着当前我国基础教育课程改革已步入全新发展阶段。以"立德树人"为根本任务，以发展学生核心素养为主要目标的基础教育课程体系已初步完成建设，有待于各中小学校实施、践行。核心素养具体指什么，怎样真正落地是当前中小学校探索的热点。我们认为，陶行知先生的生活力思想，其实质就是"核心素养"的新时代表达，当然，在新的时代，它应该有着新的内涵和表述。本文以苏州工业园区新城花园小学为例，具体介绍陶行知生活力思想在当代中小学教育中的研究与实践。

"生活力"是陶行知先生生活教育思想理论体系中的一个基础性核心概念，是教育领域中一个极富张力的崭新概念，它有着深刻的内涵和较长的本土化发展历史。

1926 年 11 月 21 日，在中华教育改进社举行的第一次研究会上，通过了陶行知先生提出的包含"我们深信教育应当培植生活力，使学生向上长"在内的《我们的信条》，这是"生活力"概念的第一次问世。1926 年 12 月 3 日，陶行知先生在《新教育评论》第 3 卷第 1 期上发表了《中华教育改进社改造全国乡村教育宣言书》，又在宣言中提到"这种教师必能用最少的金钱，办最好的学校，培植最有生活力的农民"。同期发表的《中国师范教育建设论》中，他又说"我们应用自然界和社会界的助力、阻力去培植幼年人的生活力，使他可以做个健全分子去征服自然，改造社会"。

二十世纪三十至七十年代，陶行知的生活力论述在陶研界和学术界几乎处于沉寂和休眠状态。二十世纪八九十年代开始，关于陶行知生活力论述的研究重新得到学界的重视，很多研究者对陶行知生活力思想提出了不少真知灼见。而从 2000 年至今，越来越多的研究者和基层一线的教育实践开始用更加现代前瞻的眼光来看待生活力论述，开始在教育一线探讨生活力的现代价值以及教学运用的问题。比如，王铁军教授就鲜明地指出："生活力既是生活教育的核心范畴，又是现代教育重要的命题"[1]，生活力的不断更新也让可持续发展教育增添了新时代印记。为此，我们认为，指向儿童现代生活力培养的研究和实践既有利于丰富我们对核心素养的认识，也有利于对儿童核心素养的理解的校本化、特色化。

为此，我们从三个方面开始了陶行知生活力思想在我校教育教学中的研究和实践。

一、以课题研究为引领，正确践行陶行知生活力思想

2021 年度，我校成功申报立项江苏省教育科学"十四五"规划陶研专项课题"指向儿童现代生

---

* 此文为江苏省"十四五"教育科学规划课题陶研专项（项目编号 TY-c/2021/31）《指向儿童现代生活力培养的项目化学习　设计与实施的校本实践研究》阶段性成果。

作者简介：陆林珍，江苏省苏州市苏州工业园区新城花园小学党支部书记、校长。

活力培养的项目化学习设计与实施的校本实践研究"。在以主课题研究为引领的两年时间里，裹挟着"双减"背景下以培养儿童"核心素养"为旨归的新课程理念，我们努力阐释"儿童现代生活力"的新城表达，真正践行陶行知生活力思想。

1. 开展"深度"的理论文献学习

任何课题的推进，理论学习总是最关键的。引领全体教师围绕课题的核心关键词进行系统的学习，我们做得扎实而深入。精读《行知伴我成长》和《项目化学习系列丛书》。利用疫情期间居家工作的日子，把全校教师分成8个小组，成立了阅读打卡群。每一个课题核心组成员带领一个小组，系统地研读丛书，一周读1—2章，并撰写读书笔记群内打卡分享。用这样的方式，每一位老师至少完成了一本陶研专著和一本项目化学习理论书籍的阅读学习，系统检索文献完成了两篇文献综述。课题核心组成员分小组以中国知网（CNKI）为检索数据库，使用高级检索，以"生活力""项目化学习"为检索词，分别以"主题""篇名"为检索项，以"精确"为检索类型，在期刊来源类别中，勾选了核心期刊，共梳理了280多篇文献，通过认真学习、归类和梳理，完成了关于"陶行知生活力"和"项目化学习"的两篇文献研究综述。文献综述在市级优秀论文评比中获奖。结合理论学习，我们对儿童现代生活力这一核心概念有了清晰的认知。我们认为，所谓儿童现代生活力，是指6—12岁学生应该具备的、能够满足现代社会需要的、为未来生活奠基的各种知识、技能和素养的生活力之总和。[2]联合国教科文组织《教育——财富蕴藏其中》的报告指出：21世纪教育的四大支柱，即学会认知、学会做事、学会共同生活、学会生存。儿童现代生活力的内涵与主旨与其不谋而合，也与我国当前基础教育课程改革所提出的学生发展核心素养异曲同工。

邀请省市陶研专家做研究指导。课题立项以来，我们主动邀请省市陶研专家给予我们指导和引领。苏州市陶研会李凤祥副会长为课题组做《陶行知及其思想在小学教学中的启发与运用》讲座；江苏省陶研会王凯副秘书长为课题核心组成员就"儿童现代生活力体系"做引领培训。另外，随着课题研究的深入，我们也不断添置购买了更多相关陶研思想和项目化学习的理论书籍，补充给课题组的老师们学习，为卷入研究打好了基础。打造交流平台"生活力教育半月谈"。我们以深入理解和阐释主课题中的"儿童现代生活力"主题为切入点，让青年教师在交流中传承新城文化、提升教育技能、感受教育魅力、培育团队精神，认真打造了"生活力教育半月谈"交流平台。交流平台每半个月组织1次活动，每次活动聚焦一种"生活力"理论完成分享和学习，同时汇编一次活动收获等。

2. 探索"集群化"的主课题研究路径

每所学校在成长、发展的道路上都有自己的独特路径和鲜明特点，既立足于过去，又走在当下并展望未来。学校应该不断创新发展理念，在传承中变革内部管理机制，从而获得推陈出新的发展。在认真进行"培养怎样的人才"与"如何育人"主题研讨的基础上，对学校发展脉络进行了总结与梳理，形成了与校情相适应的教育思想与理念，发展好学校，培养好教师，培育好学生。

"十四五"开启，学校以"陶行知教育思想"为引领，集中力量做"指向儿童生活力培育的项目化学习研究"，构建了三级课题研究群，初步探索了"集群化"的课题研究路径。第一个级别是学校的主课题，即省规划陶研专项课题"指向儿童现代生活力的项目化学习设计与实施的校本化实践研究"的研究。该选题是项目核心组在充分把握和研究教育改革前沿信息、梳理学校持续数轮发展路径脉络、约请不同层次专家进行严谨论证基础上凝练出的关于学校发展的新命题。它既引导学校新的一轮发展方向，又体现学校本轮教育的核心内容。学校的其他各级课题、项目的申报和开展都围绕着龙头课题的"主题核心"展开，真正凸显了"集群化的课题研究"的一个中心原则。

第二个级别的课题是龙头课题研究落地的若干路径，分别指向教导处专管负责的学科教学、德育处具体承担的德育教育和科研师训处牵头的教师发展。三个部门协同发展，在各自不同的教学或管理领域呈现各自不同的样态，围绕陶行知"生活力"思想和"项目化学习实践"为核心，深耕主课题的研究。

第三个级别主要包括学校中其他各级各类学科。就龙头课题而言，研究的关键词"生活力"和"项目化学习"之下，多数课题都是学校主课题研究中的一个分支或者组成部分。全部课题都由不同的教研组、备课组或者是项目组负责。教师抱团式的实践研究，与第二层级的分路径研究恰成互补与呼应。

三个层级，共涵盖各类课题和项目十余项，真正实现了"人人有课题，个个在研究"，而同时，这些集群化的课题研究又形成了引领学校发展的巨大合力。

二、以项目化学习为途径，聚力提升学生核心素养

"指向儿童现代生活力培养的项目化学习设计与实施的校本实践研究"这一课题有两个关键词，一是"儿童现代生活力"，二是"项目化学习"。前者是培养的目标，后者是实施的路径。

建设指向核心素养发展的课程体系是当前我国基础教育课程改革的重要任务，为此，我们结合陶行知生活里教育思想制订了新城花园小学"太阳花现代生活力课程"体系。但"核心素养培育的落实不仅仅是教学内容的选择和变更，更是以学习方式和教学模式变革为保障的系统变革"[3]，而项目化学习正是体现这种学习本质的方式之一。因此，在陶行知生活力思想的正确引领下，伴随着课题研究，我们开始了以项目化学习为途径，聚力提升学生核心素养的有力行动。

1. 思想引领，行政推动，全员卷入项目化学习

项目化学习是一种全新的教学方式，要让老师们接受并自觉行动是有很大的难度的。为此，我们首先进行了思想引领。一是组织老师们系统学习理论著作。以夏雪梅博士主编的"项目化学习的中国建构丛书"为学习内容，成立学习小组，建立学习群，定期打卡交流，深入系统学习，确保学习效果；二是组织老师们聆听专家讲座，了解实施案例，深切体会项目化学习给"教"与"学"带来的生动变化，从思想上理解、认同、亲近项目化学习。其次是行政推动。我们成立了由校长领衔的学校项目化学习领导小组，由教导处专职主任负责的项目化学习实施小组。每学期初，召开专题工作会议，明确方向，制定计划，设计清晰的实施路径。在每月的教师"教学七认真考核"中，加入项目化学习的相关考核要求，以有力的行政管理推动全校所有教师深度卷入项目化学习。在期中和期末，分别召开一次全校的项目化学习期中汇报会和期末总结会，及时总结经验，调整完善，保证项目化学习的稳步推进。

2. 路径清晰，任务驱动，有效实施项目化学习

我们通过学科项目、跨学科项目、主题研学项目三大路径全员开展项目化学习的实践研究。在实践研究过程中，既认真落实课程计划，又适时开展任务驱动，有效实施项目化学习。

在教育部印发的《义务教育课程方案（2022年版）》[4]和《义务教育道德与法治课程标准（2022年版）》[5]等16个学科课程标准中，明确指出，要深化教学改革，推进综合学习，积极开展主题化、项目式学习等综合性教学活动，课时数不少于总课时的10%。我校的学科项目化学习立足本学科教材，基于课程素养，设计与学科核心知识相关的驱动性问题，引导学生深度理解学科核心知识、提升学科能力、培育学科素养，如语文学科的"童年"、数学学科的"创作一份个性化的年历"、英语学科的"城市旅游文化英语"等。跨学科项目化学习侧重学科统整，主要依托综合实践学科、社团活动，整合不同学科的知识和方法，以系统的思维解决真实问题，培养学生创新意识、创造能力。如"老楼装电梯""校园维修铺""花园博物馆"等。主题研学项目化学习侧重五育融合，结合时事活动，任务驱动，激发学生关注社会热点、关心真实生活，提升育人水平。如"小小党史馆我来建"项目、"非凡园区，湖西未来"项目。项目化学习以综合性、实践性、生活化的学习方式给学生提供了"更好的学习"和"面向未来的学习"，培养了学生的责任担当、科学精神，促进了学生的创新意识、创造能力，锻炼了学生综合运用各种知识的能力，极大地提升了学生的核心素养，发展了学生的现代生活力。

三、以"发展标准"测评为抓手，全面落实"立德树人"根本任务

1. 研制适切的儿童现代生活力发展标准

为了更好地以课题研究引领学校发展、以课程体系落实育人目标，在原有的学校"十二五"期间"太阳花课程1.0版本"和"十三五"期间"太阳花广域课程2.0版本"的基础上，我们将学校的课程体系升级成为"太阳花现代生活力课程体系3.0版本"。该课程体系，将学校原来三级梯度的所

有课程统整为"道德生活力""学习生活力""健康生活力""艺术生活力""劳动生活力"五大维度，构建了更加清晰的新课程体系。同时，我们认真比对"陶行知生活力理论"和《义务教育课程方案（2022年版）》以及各学科课程标准（2022年版）中关于学生核心素养的阐述，以培养儿童正确价值观、必备品格和关键能力为目标，以培养儿童道德生活力、学习生活力、健康生活力、艺术生活力、劳动生活力为基础和核心，梳理了小学阶段儿童各阶段生活力发展应达到的标准和要求，全面架构和制订了《苏州工业园区新城花园小学儿童现代生活力发展标准》，帮助全体教师和家长更深入地了解当前儿童应具备的最基本的能力和素养，助推我们的学生更好地提升核心素养，发展儿童现代生活力，更好地"向上生长"。《苏州工业园区新城花园小学"儿童现代生活力"发展标准》共涵盖低中高三个年段，每个年段的发展标准，都从五大维度，依据儿童身心发展的基本规律及原有的生活和知识经验等，具体梳理了一级指标和二级指标，清晰地反映了各年段儿童应该达到的生活力标准。

2. 运用具体的测评手册发挥评价作用

我们依据《苏州工业园区新城花园小学儿童现代生活力发展标准》，印制了《苏州工业园区新城花园小学儿童现代生活力发展测评手册》。测评手册学生人手一册。为充分发挥其作用，我们做好了以下工作。

读一读：老师利用班会课、晨会课，家长利用亲子共读时间，带领孩子们认真读一读，全面了解各年段儿童现代生活力五大维度、20个方面的具体发展标准、素养要求，做到目标清晰、方向明确。

比一比：和老师、同学说一说，和家长亲人聊一聊，对照标准比一比，自己哪些方面"达标"了，哪些方面还"不合格"，差距找到了，前进的方向也就清楚了，努力的目标也就明确了。

评一评：一学年结束了，自己评一评，老师评一评，20个方面，每一项我能得几颗星？评价采用星级制，分"一星""二星"和"三星"，如能达到90%以上"三星"的，我就是新城花园小学"儿童现代生活力发展三星好少年啦!"，"总评"栏里盖个章，全校集会上颁个奖，评价激励我更好地成长!

人民教育家陶行知先生虽然离开我们已有七十余年，但他的教育思想，尤其是其思想之核"生活及生活力教育"，对于我们当今的教育实践仍然有着积极的指导价值和意义。"我们深信教育应当培植生活力，使学生向上长"这一行知先生的深情话语已深深地印刻在全校教师的心底。近三年的研究与实践，陶行知先生的生活力思想已经在新城的校园里生根、发芽、开花，已经伴随着项目化学习、伴随着儿童现代生活力发展标准测评有力地促进着学生五育并举，素养提升，有力地促进着学生活泼泼地向上生长!

参考文献

[1] 王凯，顾伟. 行知真谛的探寻 [M]. 南京：南京师范大学出版社，2020：24.

[2] 夏雪梅. 项目化学习的实施：学习素养视角下的中国建构 [M]. 北京：教育科学出版社，2020：2.

[3] 侯器. 现代生活力内涵建构的实践尝试 [J]. 黑龙江生态工程职业学院学报，2021（4）.

[4] 中华人民共和国教育部. 义务教育课程方案（2022年版）[M]. 北京：北京师范大学出版社，2022.

[5] 中华人民共和国教育部. 义务教育道德与法治课程标准（2022年版）[M]. 北京：北京师范大学出版社，2022.

人人都是小行家

——"艺友制"助力学生自信心培养

蒋诗婕

摘　要："艺友制"是人民教育家陶行知探索本土教育改革的优秀成果之一。它以"艺"为载体，以"做"为中心，以"友"为宗旨，主张建立一种新型的师生共教共学共做、亦师亦友的教学共同体关系。在日常教学过程中，学生一系列学习困难问题最深层次的原因在于自信心的缺乏。而"艺友制"正是对症的"良药"。在班级中组建"艺友制"学习小组，鼓励学生以团队模式完成不同的学习任务。学生在教学做合一中学有所用、学有所乐、学有所成，感受学习乐趣，建立学习自信，激发学习动力。实践证明，"艺友制"对学生德智体美劳的全面发展及核心素养的全面提升具有积极作用。

关键词：陶行知；"艺友制"；自信心

2017 年，上海市宝山区行知外国语学校落成。以"行知"为名，在国际化教育背景下传承和发展富有宝山特色的"行知教育实践经验"，旨在告诉每一个孩子，"人人都是小行家"。我被这一办学理念打动，踏入了学校的大门，走进了三年级孩子们的课堂。可不到一个月，我就被现实当头棒喝。原本秩序井然、气氛活跃的课堂变得暮气沉沉，无比压抑。孩子们似乎只是课堂的观众，看着我自顾自地讲演，鲜少参与互动，极大的落差令我沮丧失落，我想到了陶行知先生。我认真翻阅《陶行知文集》并数次前往陶行知纪念馆，学习陶先生的教育教学思想，终有所悟。习近平总书记提出的对中华优秀传统文化"创造性转化、创新性发展"的指示精神，要求我们批判性继承"艺友制"思想中的优秀理论成果和创造性实践成果，并着重在新时代的教育教学实践中对"艺友制"进行创造性转化、创新性发展，为培养德智体美劳全面发展的时代新人做出了应有的努力和贡献。笔者认为，"艺友制"的"艺"也应突破原来"手艺、艺术"的范畴，积极开展"艺友制"的实践对学生核心素养的提升和德智体美劳的全面发展具有积极作用。

一、病灶在于缺乏自信

小学老师大都会有如下教育体验，低龄段的孩子乐意表现，上课积极。但到了中高年级，孩子们便开始胆小谨慎、寡言少语。他们的不自信都直白地写在脸上。他们怕犯错、怕失败、怕被笑话、怕去尝试，明明是初生牛犊不怕虎的年纪，却畏首畏尾、束手束脚。他们的自信去哪儿了？或许是被一次失败赶跑了；或许是被一次批评吓走了；又或许是被一次唠叨烦没了。

陶行知先生在《努力》一诗中提到："战胜困难全靠要自信。努力，努力，创造个好命运，自己的力量要尽。"自信心是相信自己有能力实现目标的心理倾向，是推动人们进行活动的一种强大动力，也是人们完成活动的有力保证，它是一种健康的心理状态。心理学家研究表明，童年时期自信心的建立是孩子今后独立健全人格发展的重要基础。

美国教育家戴尔·卡耐尔在调查了很多名人的经历后指出："一个人事业上成功的因素，其中学识和专业技术只占 15%，而良好的心理素质要占 85%。"自信是事业成功的保证，其重要性毋庸赘言。而如何帮助现在的小学生树立自信心，便成了解题的关键。

作者简介：蒋诗婕，上海市宝山区行知外国语学校一级教师。

二、良药在于"艺友制"教育

何谓"艺友制"？陶行知在《艺友制师范教育答客问》中做了如下解释："艺是艺术，也可作手艺解。友就是朋友。凡用朋友之道教人学做艺术或手艺便是艺友制。""艺友制的根本方法是教学做合一。事怎样做便怎样学，怎样学便怎样教。教的法子根据学的法子，学的法子根据做的法子。先行先知的在做上教，后行后知的在做上学。大家共教共学共做才是真正的艺友制，唯独艺友制才是彻底的教学做合一。""艺友制"教育以"艺"为载体，以"做"为中心，以"友"为宗旨，以"朋友之道教人学艺"为主张，将理论学习与实践技能有机结合，是陶行知结合时代需求独创的一种培养乡村师资的有效方法。

"艺友制"倡导一种平等合作的教育方式。在"艺友制"教育下，大家亦师亦友，没有绝对的权威。老师不再是那个高高在上、不容置疑的教书匠，而每个孩子都有出彩的机会，都有可能成为"小老师""小行家"。"三人行，必有我师焉。"孩子们通过平等交流、互相合作、共教共学共做，不断收获正向反馈，快速建立起自信心，找到学习的主动性、积极性和成就感，成为课堂真正的主人。在进行了多轮对比教学实践后，笔者发现，陶行知先生创设的"艺友制"对提高课堂教学质量、树立学生学习信心、提升学生核心素养具有积极作用，是一条行之有效的教育实践之路。

1. 以"友"为宗旨，追求平等合作的教育方式

成功的经历、成就的获得，是自信心的重要源泉。在"艺友制"教育理念的启发下，笔者根据班级孩子的特质，将41个孩子先分为五大组：互助、共赢、神龟、兔子、自立。

互助组（11人）特质：学习能力强，充满自信，乐于动脑，勇于回答；共赢组（9人）特质：学习能力较好，但个性保守，害怕出错；神龟组（7人）特质：学习能力中等，能完成规定动作，但做事拖沓，个性中庸；兔子组（6人）特质：学习能力较弱，容易走神，多有行为问题，导致自信缺失；自立组（8人）特质：学习能力弱，缺乏学习兴趣，极度缺乏自信。

根据分组结果，班级再组成以4—5人为1组的学习小组。每组包含特性不同的孩子。根据语文教学主题：字词积累、句段理解、书写规范、口语交际、综合拓展等确定学习目标，让每个学生都有机会成为学习小组组长，领导组员完成不同的学习任务。通过组建"艺友制"学习小组，不同特质的孩子在有限的课堂时间里都能得到更为平等的训练和表现机会，学生之间的良性竞争也一并被激发出来。每个孩子都有可能成为"组长"，代表组员进行小组展示。原本存在一些学习问题的孩子也得到了锻炼，并从中收获了认可和鼓励，树立了自信。

我在教学口语交际《做手工》一课中，让学生介绍一件手工作品及其制作过程，目的在于通过做、说、听、记的过程提高学生的动手操作能力、语言表达能力，养成良好的倾听习惯。我确定的教学难点为：一是能按照顺序说说手工作品的制作过程；二是养成专心听、静心听的好习惯，能一边听一边记住主要信息。在揭题之后，笔者指导学生按照"艺友制"小组进行合作学习，先让学生在组内轮流介绍自己的手工作品，组织互评，选出本小组的最佳作品。最佳作品获得者则代表本组进行班级展示交流，争夺各类口语交际奖项（创意小行家、口才金喇叭、自信梦想家等）。

有了"艺友制"分组模式，学生都能积极参与，口语交际课堂变得前所未有的热闹，再也没有出现以往某一小组或某一同学闭口不言、回避参与的情况。

以兔子小组的小戴为例，他活泼好动，纪律松散，常被老师批评，也曾一度破罐子破摔，不求上进。但他的语言表达能力极强，在本节口语交际课堂上，笔者即尝试让他担任"艺友制"学习小组组长。最初的团队磨合期，面对比自己表现优秀的互助共赢小组组员，小戴一度缺乏自信，打起了退堂鼓。但在老师的鼓励和支持下，他学会依据小组交流步骤，合理安排组员交流，最终展示出一份个性鲜明、让人眼前一亮的小组作业，得到了组员的认可和老师的肯定。

通过"艺友制"分组，学生拥有了更为平等的合作、互动、锻炼及展示机会。越来越多的孩子和小戴一样，卸下思想包袱，轻装上阵，发挥所长，收获掌声，建立自信。而这份自信也在不断地激励人心、催人奋进，激发孩子学习的内驱力。整个班级逐渐形成你追我赶、争先恐后的火热学习

气氛。

2. 以"艺"为载体，助力学生核心素养提升

以"艺"为载体，我们的视野变得宽阔，我们更加注重全程评价、多元考核。我们不再只盯着孩子们的单一学科成绩或学习能力，而是将眼光放长远，全面了解孩子们多方面的能力。"艺友制"学习小组的跨学科联动也就此诞生。语文加美术，你书写、我描绘，诗中真有画；数学加体育，你测算、我锻炼，实践出真知；英语加音乐，你唱歌、我背词，学习娱乐两相帮。劳动最光荣，加上语文，你劳动来我吟诗，好不惬意；加上数学，比一比赛一赛，看你扫了多大面积；加上英语更有趣，劳动工具中英文切换，你可别用错；加上音、体、美，劳动是一首歌、一幅画、一场小型运动会。在"艺友制"的学习氛围里，孩子们真正体会到德、智、体、美、劳全面发展所带来的成就感和获得感。人人都是小行家，每个人都能找到自己的价值，找到人生出彩的机会。

三、以"做"为中心，实现教学相长

"艺友制"是在陶行知生活教育理论指导下的一种创新性教育实践，他在《晓庄幼稚教育》中系统阐述了艺友制的实施步骤：第一期：实际参加幼稚生各种活动；第二期：指示他几种简单的方法；第三期：继续做各种基本技能的训练；第四期：讨论做过的事情，即经过"学、教、做、议"四期的培训和实践。陶行知强调，"艺友制"教育的根本方法是"教学做合一"，只有"共教、共学、共做方为真正之艺友制"。而"艺友制"学习小组跨学科、全方位、立体化的探索与实践，也充分印证了以"做"为中心的重要意义。

在"艺友制"模式下，不仅班级的学习小组组长会依据学生特质采取"轮换制"，就连班委会岗位也试行了"轮换制"。而这一方案的诞生还是在线上教学期间。孩子们在"艺友制"学习小组线上组长（擅长线上设备操作的同学）的指导下，在教师的适当引导下，经过充分而激烈的讨论，最终"赞成派"说服"反对派"，孩子们决定在班级试行班干部"轮换制"。孩子们在参与交流、活动和决策的过程中学会表达、收获成长、建立自信，并树立起"我的班级我做主"的主人翁意识。

"艺友制"不仅在学习上让孩子们重拾自信，找到自己的天地。在师生关系上也有效促进了"教学相长"。课堂上多元思维被打开，孩子们天马行空的想象让整个课堂鲜活起来；无形枷锁被放开，孩子们敢于自信地向老师发问了。不仅如此，他们还学会了问题化学习，在小组内你问我答，看谁能难倒谁。这种积极向上的学习氛围都源于他们的自信，他们相信自己是最棒的，而且可以变得更棒。他们在同一目标鼓舞下，沟通、交流和协作，分享各种学习资源，共同完成一定的学习任务，形成相互影响、相互促进的人际联系。而这种张力，也正影响着师生之间、生生之间、家校之间、校社之间的互动，逐渐形成一个泛化的"学习共同体"。家长学校、亲子课堂、学生百科等互动活动陆续出现。班级微信公众号精彩纷呈。孩子们的自信逐步转化成家庭的自信、学校的自信乃至整个教育的自信。

‖ 思想道德教育 ‖

德育视角下的高中历史课堂教学策略探究

——以《中外历史纲要》（上）中抗日战争史内容为例

王小磊

摘　要： 立德树人是教育的根本任务，在高中历史课堂教学中融入德育内容是《中小学德育工作指南》和《普通高中历史课程标准》的共同要求。高中历史课堂可以通过以下方式渗透德育工作：一、创设合适的历史情境以渗透德育内容；二、运用多元史料以强化情感认知；三、善用横向比较以增强政治认同。高中历史课堂教学应当改变以知识点的灌输与分数的提高为导向的教学常态，而将立德树人作为首要教学目标。

关键词： 德育；高中历史；课堂教学

德育是高中学校教育工作的主要内容之一。德育的内容包括理想信念教育、社会主义核心价值观教育、中华传统优秀文化教育、生态文明教育、心理健康教育等。历史学科是高中课程体系的重要组成部分，并且也是实施学校德育工作的重要途径。《中小学德育工作指南》强调要"充分发挥课堂教学的主渠道作用"，并指出："语文、历史、地理等课要利用课程中语言文字、传统文化、历史地理常识等丰富的思想道德教育因素，潜移默化地对学生进行世界观、人生观和价值观的引导。"历史课程有关德育的具体实施要求是"要注重弘扬以爱国主义为核心的民族精神和以改革创新为核心的时代精神，传承中华民族的优良传统，加强国家认同和国家主权教育，培养学生的社会责任感。"[1]47《普通高中历史课程标准》是高中历史教学的主要依据，其中也指出"历史课程是最基本和最重要的教育理念，是全面贯彻党的教育方针，切实落实立德树人的根本任务，坚持育人为本、德育为先，使历史教育成为形成和发展社会主义核心价值观的重要途径。"[2]2因此，将德育融入历史课堂是高中学校德育工作和历史学科属性的共同要求。既往有关高中历史学科渗透德育的研究多为理论性概述，案例探讨尚不多见。中国近代史是列强侵略与中国人民反侵略相交织的历史。中国近代史是感悟民族精神、增进政治认同以及强化理想信念的重要课程资源，而抗日战争是近代中国人民反抗外来侵略第一次完全取胜的重大历史事件，其在中国近代史中的标志性意义尤为显要。因此，本文即拟以《中外历史纲要》（上）中第23、24课的抗日战争史内容为例，尝试探讨在高中历史课堂教学中如何渗透德育工作。

一、创设历史情境，渗透德育内容

情境是指真实的问题背景，是以问题或任务为中心构成的活动场域。[3]《普通高中历史课程标准》指出："在教学过程的设计中，教师要设法引领学生在历史情境中展开学习活动，对历史进行探究。"[4]51在教学活动中创设历史情境，有利于引导学生体验历史境况，进而帮助学生理解历史和解释历史。因此，在历史情境创设过程中，对与课程相关的德育内容加以渗透，可以使学生获得感同身受的体验，进而起到潜移默化的影响作用，于历史课程的学习中接受德育熏陶。

例如，西安事变的和平解决是第23课"从局部抗战到全面抗战"的重点内容之一，在开展相关内容的教学时需引导学生认识西安事变得以和平解决的原因。西安事变发生后，对如何处置蒋介石大致有杀与不杀两种主张，即"有人认为，'把蒋除掉，无论在哪方面，都有好处'，有人则提出，我们既要抗日，又要反蒋，但不正面反蒋，也不把反蒋与抗日并立"[5]。在教学过程中，可以引导学生思考若自己置身于当时情境之下，面临这两种主张会做出何种选择，并说明理由。学生做出选

―――――――
作者简介： 王小磊，浙江省湖州市德清县第六中学一级教师。

择后，告知中国共产党最终的解决办法是和平解决西安事变，并设问：大革命失败后，国民党人大肆屠杀共产党人，中国共产党同国民党进行了近十年的军事斗争，可谓有血海深仇，为何中国共产党最终选择摒弃前嫌，和平解决西安事变？由此，分析杀蒋介石会带来的政治后果，即会造成中国内部动乱，方便日本人进一步侵华，引导学生认识到中国共产党和平解决西安事变是基于民族大义而做出的放弃仇恨之举，有助于建立抗日民族统一战线一致抵抗侵略。通过这样的情境创设，可以强化学生对中国共产党选择和平解决西安事变的相关史实的认知，体会中国共产党在处理西安事变时站在国家与民族利益的立场摒弃前嫌的伟大精神，进而增强学生对中国共产党的政治认同与情感认同，并强化对把国家利益与民族利益摆在第一位的爱国主义精神认识。

再如，"日军的侵华暴行"也是第 23 课"从局部抗战到全面抗战"的重要学习内容。在学习这部分内容时，可以引导学生阅读课本"史料阅读"部分。相关史料如下：

材料一："开车经过市区，我们才晓得破坏的巨大程度。车子每经过一二百米就会压过尸首，那些都是平民的尸首。我检查过，子弹是从背后射进去的，很可能是老百姓在逃跑时从后面被打死的。"

——［德］拉贝《拉贝日记》(1937 年 12 月 14 日)

材料二："一个日本记者目击了日军在南京的暴行。他写道：'码头上到处是焦黑的死尸，一个摞一个，堆成了尸山，在尸山间有五十到一百个左右的人影在缓缓地移动，把那些尸体拖到江边，投入江中。呻吟声、殷红的血、痉挛的手脚，还有哑剧般的寂静，给我们留下极深刻的印象。'"

——张宪文主编《南京大屠杀重要文证选录》

这两段材料为德国人和日本人记录，真实地再现了南京大屠杀期间南京城内的恐怖场景。阅读这两则史料，可以为学生建构相对真实的南京大屠杀的历史情境，进而引导学生认识日本帝国主义在侵华战争中的残暴罪行，并使其感悟今天和平生活之可贵，帮助其树立珍爱和平的观念。此外，还可以在课堂上进一步发问：今天的我们应如何避免再次发生此种苦痛？引导学生从努力学习，报效祖国，使国家强大，实现中华民族伟大复兴的角度思考，帮助学生树立爱国主义情操。

二、运用多元史料，强化情感认知

学科核心素养是学科育人价值的集中体现，是学生通过学科学习而逐步形成的正确价值观、必备品格和关键能力。历史学科核心素养包括唯物史观、时空观念、史料实证、历史解释、家国情怀等五方面。历史学科立德树人要求的达成，需要通过五个方面核心素养的培育以实现。其中，史料实证是诸素养得以达成的必要途径。[6] 著名历史学家傅斯年曾提出"史学即是史料学"。史料是人们了解过去、认识历史的重要依据和基础，历史情境的呈现也需要借助史料来创设。因此，历史课堂教学中德育内容的渗透，也需要借助史料才能得以融入。史料可大致分为文献史料、实物史料、口述史料、图像史料、音像史料及数字资源等。传统课堂多是使用文献史料，但文献史料文字量多、内容枯燥，若在课堂上大量使用，不利于激发学生学习兴趣以及引起情感共鸣。因此，在历史课堂教学中开展德育渗透，应注重史料的多元化，以增强历史情境创设的有效性，进而推进历史课堂德育的有效开展。

例如，在学习日军侵华暴行相关内容时，文字史料并不足以直观地给学生以充分的震撼。因此，可以适当地选用相关图片、影音材料或实地参观侵华日军南京大屠杀遇难同胞纪念馆等馆陈或遗迹，给学生以直观的体验，进而引起情感共鸣，可以更加深刻地认识到日军侵华暴行与战争的残酷性，增强爱国主义情操与珍爱和平的观念。再如，在学习第 24 课"正面战场的抗战"与"敌后战场的抗战"时，可以在课堂上展示相关战场图片或带领学生根据实际情况实地参观四行仓库之类的抗战遗迹、新四军纪念馆之类的场馆，使学生走进历史现场，直观体验抗日战争战场的惨烈，体会中国军民不屈的抗争精神与不怕牺牲的英雄主义精神，进而使爱国主义深植学生心中。

三、善用横向比较，增进政治认同

比较是人们观察与认识世界的重要方法，通过比较探究事物彼此的联系与区别，可以帮助人们了解事物的内涵本质，进而加以运用。历史的比较研究，是指对历史上的物或概念，包括事件、人物、思潮或学派等，通过多种比较方法进行比照，判明异同，分析缘由，从而寻求共同规律或特殊规律的一种历史研究方法。[7]因此，将比较的方法运用到历史教学中，可以加深学生对某一特定历史现象、人物或事件等特性的认识。"培养学生对党的政治认同、情感认同、价值认同"和爱国主义教育是中小学德育的重要内容。[8]在《中外历史纲要》（上册）抗日战争史相关内容的课堂教学中，通过横向比较的运用，可以较好地在完成教学目标的同时渗透相关德育内容。

例如，"认识中国共产党是全民族团结抗战的中流砥柱"是抗日战争史部分的重要课程内容。[9]14如何使学生更好地理解与认识中国共产党在抗日战争中的中流砥柱作用？在教学过程中我们可以采用横向对比的方法，运用相关史实、史料将全面抗战前国民党政府的"攘外必先安内"政策与同时期中国共产党"抗日民族统一战线"的号召，抗日战争期间国民党政府的片面抗战路线同中国共产党的全面抗战路线，抗日战争相持阶段国民党政府的消极抗战、积极反共同中国共产党的敌后游击战争相对比，使学生在对比中认识到中国共产党领导全民族获取抗日战争胜利的中流砥柱作用，进而加强学生对中国共产党的政治认同、情感认同与价值认同，达到课程教学渗透德育的目的。再如，在涉及中国远征军赴缅作战相关内容教学时，可将英军在日军进攻下仓皇撤退史实同中国远征军入缅英勇作战进行对比，将双方的行为展现于学生面前，使学生在对比中体会到中国军人不怕牺牲的英雄主义和爱国主义精神，认识到中国在第二次世界大战东方战场的重要作用，进而强化民族自豪感与爱国主义精神，达到德育的目的。

运用历史学科开展德育是《中小学德育工作指南》与《普通高中历史课程标准》（2017年版2020年修订）的共同要求，历史学科由于其特殊的学科属性，其在立德树人方面确有得天独厚的优势与便利。长久以来，在高考指挥棒下，"唯分数论"是众所周知的课程教学的常态，高中历史课堂教学普遍以知识点的灌输与分数的提高作为终极目标，忽视了历史课程资源在立德树人方面的功效。但立德树人是高考的核心功能，也是历史课程的根本任务，因此历史课堂教学应当以立德树人为首要目标。本文即试图为高中历史课堂教学如何渗透德育内容提供一孔之见，如有不当之处，还请方家斧正。

参考文献

[1][8]教育部基础教育司.中小学德育工作指南实施手册[M].北京：教育科学出版社，2017：28.

[2][4][6][9]中华人民共和国教育部制定.普通高中历史课程标准（2017年版2020年修订）[M].北京：人民教育出版社，2020：4.

[3]教育部考试中心编写.中国高考评价体系说明[M].北京：人民教育出版社，2019：36.

[5]李良志.从"罢蒋"、"审蒋"、"诛蒋"到"放蒋"——再谈西安事变中我党处置蒋介石方针的演变[J].百年潮，2007（7）：53—58.

[7]耿长志.比较研究方法在历史高考试题中的运用研究——以2015—2019年历史高考全国卷为例[D].哈尔滨：哈尔滨师范大学，2020：9—10.

中小学"医教结合"心理健康教育模式的探索与实践

彭红艳

摘　要： 上海市清华中学与黄浦区精神卫生中心基于"医教结合"背景下的心理健康教育工作，遵循预防为主、医校分工合作、整合各类资源、全覆盖目标人群、多形式引导干预、逐步推进深化的原则，通过搭建融通式心理健康工作平台，建构立体式心理健康服务体系，打造螺旋式心理健康教育课程体系等方面进行了积极实践，力图形成切实有效的"医教结合"心理健康教育模式，以促进青少年学生身心健康发展。

关键词： 医教结合；心理健康；教育模式

上海市清华中学与黄浦区精神卫生中心，基于"医教结合"背景下的心理健康教育工作，遵循预防为主、医校分工合作、整合各类资源、全覆盖目标人群、多形式引导干预、逐步推进深化的原则，[1]通过医校合作共同搭建融通式心理健康工作平台，构建切实有效的"医教结合"心理健康服务模式，对推进和深化学校心理健康教育工作，促进青少年学生心理健康发挥了重要作用。

一、"医教结合"心理健康教育的必要性

1. 学校心理健康教育的必然要求

基于学生成长的发展需求，为不同需求的学生提供相应的心理健康服务，是学校心理健康教育的主要工作，主要肩负心理健康教育的"三端使命"——前端教育普及、中端个别辅导和后端危机干预。[2]其中，中端和后端的工作就需要引进医学界心理服务专业力量，开展"医教结合"。2019年，国家卫健委、教育部等12个部委联合发文《健康中国行动——儿童青少年心理健康行动方案（2019—2022年）》，提出形成家—校—社联动的心理健康服务模式，加强重点人群心理疏导，促进儿童青少年心理健康和全面素质发展。[3]"医教结合"已成为学校心理健康教育的必然要求。

2. 青少年学生身心健康发展的迫切需要

中学生身心发育尚未成熟，容易受到家庭关系、学业压力、人际交往和社会环境等外在因素的影响。近年来，青少年的心理行为问题发生率和精神障碍患病率逐渐上升，因心理健康问题导致的自杀、自残等事件也时有发生。学校必须采取有效措施对学生开展心理健康教育，减少心理危机事件的发生。"医教结合"为学校提供了更多、更专业的心理健康教育资源，为学校的心理健康教育工作注入了活力，也满足了青少年身心健康发展的迫切需要。

3. 学校心理健康教育的重要途径

随着时代发展，以前端知识普及为主的心理健康教育模式已不能满足日益攀升的青少年心理问题的需求。"医教结合"模式为学生心理健康发展尤其是学生心理障碍的前期评估、心理危机的及时处置提供了重要支持。这是学校或医院单独进行心理健康教育或心理治疗无法比拟的优势，对学生心理康复起到积极作用。因此，构建行之有效的"医教结合"运行机制，加强学生群体心理健康教育工作体系建设是学校心理健康教育的重要途径。

二、"医教结合"心理健康教育的实施保障

1. 签订"医教结合"共建协议

为更好地合作开展"医教结合"心理健康教育工作，学校与黄浦区精神卫生中心签署了"医教

作者简介：彭红艳，上海市清华中学学生处主任、一级教师。

结合”合作协议书，举行了“医教结合”心理健康教育平台“清心驿站”揭牌仪式。通过共同制定“医教结合”工作方案，建立“制度化、规范化、人性化”的“医教结合”工作机制，不断加强医校之间的合作关系，共同探寻适合青少年学生的“医教结合”心理健康教育工作的方法和途径。

2. 搭建“医教结合”组织框架

为保证“医教结合”心理健康教育工作的顺利开展，双方单位共同成立了由学校校长和医院院长亲自挂帅的“医教结合”领导小组，整体负责“医教结合”心理健康教育工作的开展。下设工作协调小组、课程开发小组、咨询评估小组和危机干预小组，在工作中逐步形成了“医教结合”心理健康教育长效机制、学校心理健康教育课程保障机制、学生严重心理问题的高效评估与转介机制和学校心理危机干预的快速反应机制（见图1）。

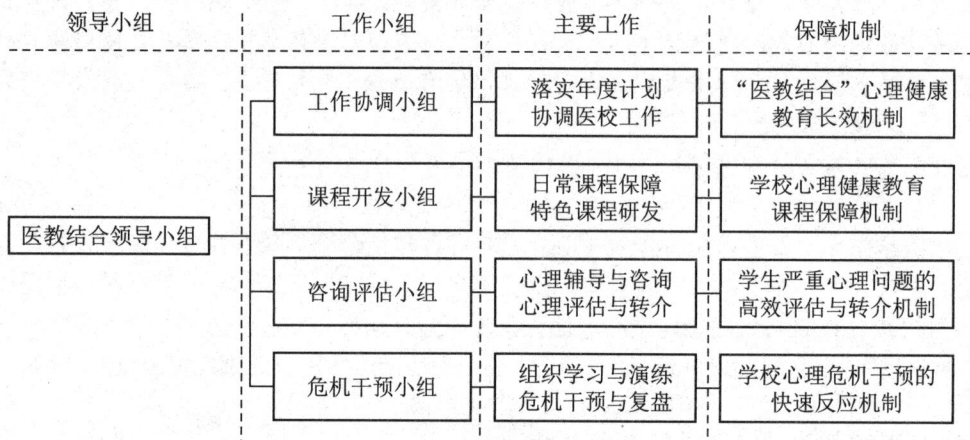

领导小组	工作小组	主要工作	保障机制
医教结合领导小组	工作协调小组	落实年度计划 协调医校工作	“医教结合”心理健康教育长效机制
	课程开发小组	日常课程保障 特色课程研发	学校心理健康教育课程保障机制
	咨询评估小组	心理辅导与咨询 心理评估与转介	学生严重心理问题的高效评估与转介机制
	危机干预小组	组织学习与演练 危机干预与复盘	学校心理危机干预的快速反应机制

图1 上海市清华中学“医教结合”工作组织框架

3. 建设“医教结合”师资队伍

“医教结合”心理健康教育工作的顺利实施，专业的师资队伍建设是重要的保障。根据“医教结合”心理健康服务行动的实际需求，黄浦区精神卫生中心成立了以青年党团员为主的“医教结合”青年先锋队以及青少年心理专家为主的志愿者团队，为“医教结合”工作的高效开展包括校园爱心义诊、心理咨询、心理社团、心理团体辅导、主题活动的开展等提供了有力保障。学校也筛选了一批热心于心理健康教育、有一定专业素养的教师队伍，包括专兼职心理辅导老师、班主任、学生导师及危机干预团队等，由“医教结合”专家团队定期开展从理论知识到实践技能递进式的培训。

专兼职心理辅导教师。作为“医教结合”的核心成员，心理辅导教师承担了学校心理健康教育的主要工作。黄浦区精神卫生中心为心理辅导老师提供了技能操作及临床实践的学习机会，将专家授课、儿少科跟门诊等适切内容纳入学校心理辅导教师的培训内容，并建立督导机制，定期邀请专家进行个案督导或案例会诊，提升心理辅导教师的实践工作视野和专业素养。

班主任与学生导师。为更好地推行“全员导师制”，“医教结合”课程开发培训小组加强了学校班主任和导师的心理健康教育培训力度：一是营造氛围，促进全员参与；二是扩大宣传，增强心理健康观念与意识；三是普及知识，了解初中阶段学生的心理特征，知道学校心理危机处理流程。

学校心理危机干预小组成员。在黄浦区精神卫生中心的指导下，学校组建了一支心理危机干预团队，并常态化进行心理危机的识别与应急处理内容的学习和演练，遇到危机事件能迅速组织团队力量进行危机干预。

三、“医教结合”心理健康教育的实施内容

学校“医教结合”心理健康教育实施的内容，也主要从落实学生心理健康“三级预防”工作上进行开展。

1. 面向全体学生的心理健康知识普及宣传

定期开设心理辅导讲座。心理健康讲座是服务教师和家长的主要形式。针对心理评估发现的重点问题和实际需求，"医教结合"咨询评估小组会定期组织心理专家开展有针对性的主题讲座，内容包括青春期教育、人际关系、压力释放、情绪控制等方面，并逐渐形成了学校"医教结合"的青春期教育、人际关系等心理健康教育讲座系列。

举办心理健康教育主题活动。学校与黄浦区精神卫生中心会在每年3月至6月联合开展"心理健康教育季"主题活动，每年10月举办"10·10世界精神卫生日"主题活动，通过在全校范围内开展形式多样的心理健康教育活动，包括心理海报评选、心理情景剧表演、"时光记录本"设计大赛、沙盘游戏、手工减压、心理游戏、"心理健康问答"小游戏、心理健康小卫士等活动，帮助学生了解相关心理知识，提高心理健康意识，学会自我心理调节方法，促进学生以更积极阳光的心态面对未来的学习和生活，更加阳光健康地成长。

开展心理团队辅导。学校利用校班会课和课后辅导时间，"医教结合"课程开发小组以体验启发作为教育手段，开展学生心理素质拓展训练。在六年级开展"适应性"训练，提高学生对新环境的适应能力，在七年级开展"抗逆力"训练，提升学生的抗挫能力，以体验启发作为教育手段，将心理学知识扎根在学生的潜意识里，[5] 为日后的学习生活中奠定良好心理素质。通过心理团队辅导课程的学习，进行环境适应、压力管理、人际交往和生涯规划等技能训练，提高学生的社会生存技能，为学生链接社会奠定良好基础。

开设心理社团。每周五下午拓展课期间，"医教结合"课程开发小组结合学生的需求开设了多样化的心理社团，如：心理情景剧社，社员通过写剧本、分角色、排练、展演、心理点评等环节，把自己的心路历程融入角色之中；心理健康操社，社员通过运动的方式来寻找身心自在与平衡，达到心理疗愈的目的。

进行心理健康教育宣传。黄浦区精神卫生中心在学校每个班级设立了心理图书架，定期赠送各类心理图书、发放心理折页、宣传海报、心理书签，还通过学校微信公众号、"钉钉"校园平台等定期发布心理短视频、微视频、心理动漫等，普及心理健康知识。

2. 针对少数心理与行为高风险学生的重点辅导

根据每学年的计划安排，"医教结合"咨询诊疗小组会定期开展心理咨询，为有需求的教师、学生和家长提供服务。

爱心义诊活动。学校会在每年5月和10月分别开展"5·25我爱我""10·10世界精神卫生日"校园爱心义诊活动，黄浦区精神卫生中心的专家和"医教结合"青年先锋队的志愿者会到校为有心理需求的教师、学生及家长提供专业的心理支持。

心理热线咨询。黄浦区精神卫生中心为学校师生和家长开通"清心驿站"心理热线，学校则通过各个渠道如告家长书、家长会、教职工大会等广泛宣传。双方通过建立规范的组织制度、专业的督导机制、自发的研讨制度，明确热线工作性质与工作流程，有序开展热线心理咨询工作。同时，在遵守保密原则的前提下，定期进行案例研讨，及时发现学生心理问题并做好跟进工作。

专家面对面咨询。"医教结合"专家团队会定期开展心理咨询活动，重点就心理评估预警的学生进行一对一面对面访谈，并进行现场心理评估，提出干预的具体建议，协助学校处理学生心理危机。

3. 针对极少数心理障碍和危机学生的转介服务

在对心理与行为高风险的学生进行重点辅导中，对于疑似或者确定有心理问题或心理疾病的学生，学校能及时启动"医教结合"危机干预小组，通过"绿色通道"迅速做好转介，帮助问题学生尽早得到治疗，尽快恢复心理健康，重回校园。根据高危预警学生的心理和行为类型，在严格遵守学生隐私保护的情况下，"医教结合"危机干预小组会开启1+N心理干预团队模式，即发现1名高危预警学生，配备1名心理咨询医生（即"1"），结合学校心理辅导老师、班主任、导师及家长（即"N"），形成了"N"对"1"的心理介入干预团体，通过"常态化帮扶、定期会诊、应急诊断"相结合的方式，[6] 真正发挥"医—校—家"的协同作用，起到了良好的效果。

四、"医教结合"心理健康教育的实施成效

1. 打造了螺旋式"医教结合"心理健康教育课程体系

在"医教结合"课程开发小组的积极努力下，学校心理教育课程逐渐走向丰富和完善。根据学生身心发展规律，学校在六年级开设心理基础型课程，主要以适应性教育、青春期教育、自我认识等内容为主，通过了解心理学的基本概念和心理健康的标准，知道初中阶段学生的心理特征，能够正确认识自己、接纳自己。学校在七年级开设心理探究课程，侧重自我悦纳、异性交往、人际关系等内容，让学生在自我认知基础上，进一步推行伙伴间的心理互助，通过学生间的"相互评价、相互赏识、相互激励"心理教育模式，达到"助人自助"目的。此外，在"医教结合"青年先锋队和专家团队的指导下，通过开展心理团体辅导、开设心理社团等方式进行心理技能拓展训练，进一步提升了学生的心理素养。这样，学校初步形成了集基础型、探究型与拓展型课程于一体的"医教结合"心理健康教育课程体系。

2. 构建了立体式"医教结合"心理健康服务保障体系

随着"医教结合"工作的不断推进，构建以学生为主体，以医院、学校和家庭为核心的、社区作为重要补充的"医教结合"共同体，形成立体式心理健康服务保障体系，真正实现了资源的优化配置和有效利用。通过医院、家长学校、社工站等形式与学校建立制度化和常态化的互动，最大程度发挥各个群体的主动性和积极性，提升心理健康教育的服务能级，达到育"心"细无声的目的。[7]

3. 形成了纵深式"医教结合"心理健康教育模式

通过"医教结合"心理健康教育组织机构的组建实施，真正把教育学、心理学和精神医学进行了有机结合、优势互补，既扩大了学生的受益面，又促进了心理健康教育内容的纵深拓展。[8] 通过面向全体学生的心理健康知识普及，提高学生的积极心理品质，预防心理问题的发生；对于少数心理与行为高风险的学生，通过心理咨询、心理治疗技术等进行个别辅导；对于极少数心理障碍和危机的学生，通过及时转介干预，确保学生尽早回归正常的心理状态。这样，学校初步形成了"预防—辅导—干预"纵深式的心理健康教育工作模式，促成了"医—校—家"的全员参与。

上海市清华中学与黄浦区精神卫生中心基于"医教结合"心理健康教育工作，挖掘了各自优势资源，发挥了"医—校"双方的积极性，融通了"医—校—家"资源三位一体，加强了"医—校—家—社"四者协同，告别了家校各自"单兵作战"模式，真正实现了精神卫生服务和学校心理健康服务的融合再造，形成了学校完整的心理育人链条，为普及心理健康教育知识，加强家庭教育指导，有效预防学生心理危机事件，打通干预和转介的"最后一公里"，整体推进学校心理健康教育工作提供了一种积极有效的工作模式。

参考文献

[1] 张海燕. 高校医教结合心理健康服务工作的探索——以上海高校为例 [J]. 思想理论教育，2016 (1)：90—93.

[2] 徐星. "心理顾问制"，畅通医教结合"最后一公里"[J]. 上海教育，2020 (12A)：28.

[3] 国家卫健委. 教育部等 12 个部委关于印发健康中国行动——儿童青少年心理健康行动方案（2019—2022 年）的通知 [J]. 中华人民共和国教育部公报，2019 (12)：15—18.

[4] 刘颖. 初中服务式心理健康教育工作模式探索 [J]. 辽宁教育，2021 (11)：53—55.

[5] 李铭. 构建 "1+2" 工作机制，打造"三合一"服务体系——浙江省嵊州市医教结合模式下师生心理健康促进行动 [J]. 中小学心理健康教育，2021 (4)：51—54.

[6] 刘颖. 初中服务式心理健康教育工作模式探索 [J]. 辽宁教育，2021 (11)：53—55.

[7] 季文泽，汤琳夏，吴庆涛. 医教结合视域下高校心理健康服务的融通模式——以上海高校为例 [J]. 高等教育研究学报，2020 (3)：45—50.

[8] 毕玉芳. "医教结合"高校心理健康服务工作的探索 [J]. 思想理论教育，2013 (8)：67—70.

核心素养视角下项目化学习的设计与实施探索

——以"常见天气系统"一课为例

张婷媛

摘　要：项目化学习是指围绕学科内容和目标，以现实生活中的真实问题设计项目，并以项目为主线，引导学生以小组合作的形式，在教师的帮助下借助多种资源平台进行探究式学习的一种教学模式。文章以《常见天气系统》一课为例，进行核心素养视角下项目化学习的设计和实施，并对项目实施成效进行反思探索。

关键词：项目化学习；核心素养

一、项目化学习的优势

项目化学习的过程能培养学生提出问题、建立知识联系和个性化表达的学习能力，提高学生面对真实问题情境时的问题解决能力和高阶思维能力，关注学生在实践中的主动性、调控性和社会性情绪等学习品质，关注学生身心健康。在以核心素养为导向的课堂教学改革中，项目化学习以其以学生为主体、以合作为形式、以问题为驱动等优势逐渐走进学科的课堂之中，本文以《常见天气系统》一课为例，探索项目化教学方法在教学中的实践应用。

二、基于教学需求的项目设计

（一）教材分析

新教材选择性必修一的《大气圈与天气、气候》单元，包含了常见天气系统、大气环流与气候两个部分。纵览新教材，必修一部分对"大气运动的基本形式""气象灾害"等内容进行了初步学习，降低了学习难度。

从思维整体性的视角出发，借助学校创新实验室建设，课程以"气象预报员"项目化学习来重整"大气"的单元设计，有利于将较为分散的核心概念和实践活动组建成一个层层解构、层层递进的逻辑整体，构成一个由体验、探究、知识建构、应用展示等组成的学习事件，达成培养科学精神、人地协调、实践创新、综合思维等素养的目标。

本单元的学习有助于学生科学认识大气运动的现象和原理，懂得趋利避害，因地制宜利用资源，并为后续进一步学习大气运动产生的影响及客观分析自然地理环境各要素之间的关系奠定基础。

（二）学情分析

参与本课学习的高二（8）班，班级整体的地理学习基础相对较好，但两极分化比较严重，学习积极性差异较大，如何唤起后进生的学习探究兴趣是保障本节课正常推进的关键问题。课堂设计中更需要重视对身边生活现象的关注，以激发学生的学习兴趣和探索生活情境的热情。在知识储备方面，在高一已经有大气垂直分层、大气组成、气象灾害等相关知识储备，学习有一定的铺垫，但这部分内容因为间隔了较长时间，需要重新唤起。在学习过程中，需要增加较多的小问题（支架），以随时帮助学生较为顺利地完成学习任务，进程中，根据学生学习状态，适时调整节奏。课时安排1—2节课。

（三）明确学习目标

1. 绘制并运用示意图，分析气旋、反气旋的形成原理，并能比较气旋和反气旋的特点。
2. 运用简易天气图，识别气旋、反气旋，并推测（预报）相应的天气变化趋势。

作者简介：张婷媛，上海师范大学第二附属中学高级教师。

3. 通过分析气旋、反气旋对人类生产生活的影响，养成关注天气的习惯和尊重自然规律的意识。

4. 形成驱动问题。尝试进行一次天气预报，学会判读天气形势图和卫星云图并认识天气系统。

（四）项目化学习流程

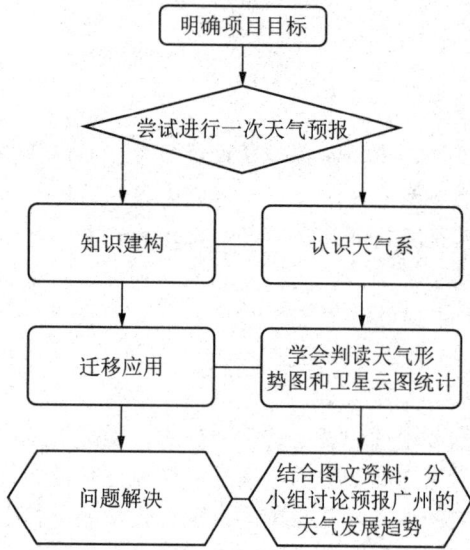

图 1

图 2 知识图谱

三、基于知识建构与素养提升的项目实施

（一）知识建构

1. 利用天气形势图，引入气压中心的概念，为学生的思维发展搭建脚手架

问题①：阅读教材 p61 图 3-13，找出气压中心，说明等压线分布特点。学生活动①：分组讨论，选一名代表上台发言，其他组员可以补充。学生分组讨论可以互助激发思维，利用问题把脉学生的认知起点，落实核心概念，为学生高阶思维发展打好地基。

2. 利用天气形势图和气象卫星云图对比，建立气压与天气现象的联系

问题②：阅读教材 p61 图 3-13 和图 3-14，比较高压中心、低压中心所在区域云量多少和实时天气状况。学生活动②：学生思考，并举手发言。通过对比，透过现象看本质，建立起气压与天气现象的联系。

3. 知识图谱构建，为后续的天气预报打下知识基础

问题③：能否利用所学，将知识图谱构建完整？学生活动③：利用所学，构建知识图谱（见图2）。通过知识图谱构建，梳理所学知识，形成体系，为天气预报打下知识基础。

（二）迁移应用

利用气流运动状态解释天气现象，实现知识的迁移应用。

问题④探究高/低压的气流运动状况及与天气的关系。学生活动④：依据"水平方向上，风总是由高压吹向低压"的原理，动手画出高、低压系统水平气流运动状态并探究垂直气流运动，用气流运动状况解释天气现象。通过动手画图，实现思维的进阶发展，也实现了知识的迁移应用。

（三）问题解决

图文资料准备，为探究活动开展提供必备资料。

（1）课本 P61 图 3-13 天气形势图、图 3-14 气象卫星云图。（2）文字资料（关于台风山竹的描述）。（3）台风预警信号信息。（4）台风网站"台风移动路径图"。

图文结合的资料，给予学生启发，也为学生探究活动的开展、思维的延展提供必备基础。

明确预报展示要求，为探究活动开展把控好方向。（1）根据所提供的资料，四人一组开展预报。

（2）每排推举一名同学作为气象预报员代表进行预报，预报时要有结论和依据，其他排依据评价量表进行打分。明确预报展示要求，不干预学生的探究过程，但是已经为探究活动把控好方向，在可控的空间范围内，给予学生思维发展的最大自由。

借助"台风天气＿＿＿＿小时趋势预报"表，为探究活动开展打开思路（见表1）。

表1　台风天气＿＿＿＿＿＿＿＿小时趋势预报

决策团队成员＿＿＿＿＿＿＿＿＿＿　　　　　　　　预报员＿＿＿＿＿

天气趋势	是否发布预警（等级）	依据
风力		
风向		
气压		
天气现象		

天气预报不但是对所学的实际应用，而且能考察学生的表达能力。如何让学生有话可说，有话会说？"台风天气＿＿＿小时趋势预报"表，能帮助学生打开思路，让学生有话可说，有利于提升学生的表达能力，增强学习的自信心。

四、基于问题解决与思维表达的项目评价

形成性评价是对项目过程及项目结果的评价，并通过评价来影响学习过程。它是建立在事实判断基础上的评价，能够及时地给学生提出改进的建议和发展方向，主要包括整个项目过程中的成果产出，以及学生在汇报中的演讲技能、证据使用等方面的评价（见表2）。

表2　评价量表

评价指标	评价标准	分值（分）	自评	他评
预报科学性	能用地理术语正确描述天气现象及成因	0—2		
证据使用	能用证据佐证观点	0—2		
逻辑思维	逻辑清晰	0—2		
语言表达	表达流畅	0—2		
形象风度	举止自然得体	0—2		

五、成效与思考

（一）项目化学习，有利于培养学生解决现实地理问题的能力

本节课基于项目化学习思路，在真实情境中开展探究性学习，逻辑主线清晰，层次分明、逐步开展研究。学生通过自主学习、合作学习，找到解决问题的思路和方法，并通过推理、演绎、成果表达等，获得地理技能，培养解决现实地理问题的能力。

（二）展示交流，提升学生自信，培养学生综合素质

本节课，注重学生的展示交流，以学生为主体，大胆放手，充分相信、鼓励学生，知识在运用、能力在锻炼、素质在提高，学生经历了对提升地理核心素养有意义的学习过程。

（三）发挥评价功能，利用评价反思生成，促进学生思维能力的提升

一堂课没有评价是不完整的，有生成就要有反馈，在本节课中，教师和学生都是评价的主体，而且将定性评价改为定量评价，并且要有评价的依据，有理有据的评价，被评价者"心服口服"，促进学生反思与改进，课堂的生成更具有实效性，学生思维向纵深发展。

数字化背景下提升小学生民族音乐素养的实践研究

摘　要：随着课堂教学改革的不断深化，数字化教学在小学音乐课堂教学中越来越得到重视。这不仅可以培养小学生对民族音乐的认知力，还可以提升小学生对民族音乐音色的听辨能力，民族音乐旋律的表现力和对音乐软件实践操作的能力，从各方面提升小学生的民族音乐素养。运用数字化音乐软件来开展教学，将小学音乐课堂教学变得更具有互动性，让学生学习音乐更快乐。

关键词：民族音乐素养；小学音乐；数字化教学

一、概念界定

（一）民族音乐素养

民族音乐是一种具有我国民族特征的音乐艺术形式，在中华民族上下五千年的文明中，我们的祖先创造了大量具有民族特色、能体现民族文化和民族精神的音乐文化。

《义务教育艺术课程标准（2022 年版）》[以下简称《标准（2022 年版）》] 将"坚持以美育人的理念"作为课程的第一条基本理念，指出："以习近平新时代中国特色社会主义思想为指导，以落实核心素养为主线，引导学生积极参与各类艺术活动，感受美、欣赏美、表现美、创造美，丰富审美体验，学习和领会中华民族艺术精髓，增强中华民族自信心和自豪感。"

应将我国各民族优秀的传统音乐作为音乐课重要的教学内容，多弘扬民族音乐，理解音乐文化多样性。通过学习，引导学生熟悉并热爱祖国的音乐文化，增强民族意识，培养爱国主义情操。并且，在新教材改革中，小学音乐学科加入了更多的中国民乐欣赏作品，可见提升民族音乐素养在小学音乐课堂教学中越来越占据重要的地位。

（二）数字化教学

2022 年 3 月，上海市教委发布《上海市教育数字化转型"十四五"规划》："进一步推进国家教育数字化转型试点区建设，继续加强在线教学保障工作，积极推进教育数字化转型。"此通知发布后，意味着在小学音乐课堂教学中开展数字化教学的必要性与重要性，也不断出现许多数字化教学平台和软件。

例如"腾讯会议""晓黑板""班级优化大师""钉钉""classin"等软件，可以帮助教师更好地进行音乐教学工作，及时与学生进行音乐互动；"库乐队""随身乐队""音虫软件"等软件，可以更好地辅助音乐教学，帮助学生进行各种乐器音色听辨、制作乐曲、演奏乐器等强大功能；"唱吧""全民 K 歌""剪映"等软件可以在音乐课堂教学中更好地开拓学习途径，更好地帮助学生学习音乐、表演音乐、创编音乐。

（三）数字化与提升小学生民族音乐素养之间的关系理解

如今小学民族音乐教学的现状虽然越来越受重视，但是课堂教学的手段却不容乐观。第一，教师在课堂教学时只用口头语言强调对民族音乐知识的解读，学生学习没有兴趣。第二，教师用传统式教学让学生聆听民族音乐，学生云里雾里不知如何欣赏。第三，少数教师能运用多媒体技术进行民族音乐课堂教学，但有效度不够，学生参与度不高。

在小学音乐课堂中进行数字化民族音乐欣赏教学，能够提升学生对民族音乐音色听辨的认知能力，并能简单地演绎民族音乐作品，便于他们实践操作，丰富小学生对民族音乐的实践操作体验，

作者简介：洪礼然，上海师范大学第三附属实验学校一级教师。

同时也丰富小学生在音乐课堂中表演民族音乐的方式，在一定程度上激发学生对民族音乐的兴趣，有效开阔学生的视野，从而提升小学生的民族音乐素养。

二、应用价值

上海音乐学院出版社《音乐》教材中涵盖了很多民族音乐作品。数字化赋能教学，最大的优势是让不会乐器的学生通过小小的软件，可以进行模拟实践操作，在感受音色的同时做一个小小演奏家。

（一）解决学生对民族音乐音色的理解认知度

以生为主，学生仅用手指就能接触模拟民族音乐乐器，帮助学生们直观听辨民族音乐的音色，在小学中高年级音乐课堂的体验性活动中，提升学生对民族音乐音色听辨的认知能力。

（二）丰富学生对民族音乐旋律的表现力

数字化音乐软件可以同时演奏多种乐器，教师在高年级课堂中可以采用师生合作、生生合作的形式，简单地演绎民族音乐欣赏作品旋律。在小学中高年级音乐课堂的表现性活动中，丰富小学生们的音乐课堂，便于学生参与民族音乐教学的表现性活动，培养他们团队合作的能力。

（三）帮助学生在学习民族音乐实践中操作研究

数字化音乐软件解决了传统教学课堂中学生"只听讲，无法动手操作"的问题。在小学中高年级音乐课堂的创造性活动中，运用乐器展示、模拟操作，为高年级教材中的民族音乐乐曲伴奏，让不会乐器的学生也能做一名小小演奏家。

三、方法和途径

在小学中高年级民族音乐作品教学中，运用数字化，开展提升小学生民族音乐素养的实践研究。探索将数字化融入民族音乐作品教学的有效方法和途径，尝试解决在民族音乐课堂实践中遇到的问题，开展民族音乐作品教学的课堂观察量表，验证运用数字化软件的有效实践性，并总结实践经验。

（一）探索

1. 探索数字化软件中民族音乐模块

笔者梳理了各软件中与民族音乐有关的音乐模块。

（1）模拟演奏。包含民族乐器：二胡、琵琶、古筝、民族打击乐器。

（2）键盘演奏。包含可改变的民族乐器音色：二胡、琵琶、古筝。

（3）资源库声音片段。包含民族乐器：扬琴、箫、竹笛、古琴、葫芦丝、京胡、三弦……

2. 探索民族音乐作品

笔者梳理了上海音乐学院出版社《音乐》教材中所有中高年级民族音乐欣赏作品（见表1）。

表1

年级	民族音乐欣赏作品
三年级	《阿细跳月》
	《彩云追月》
	《小青蛙》
四年级	《宜兰童谣》
	《赛马》
	《幸福年》
	《欢乐的火把节》
	《洞庭新歌》
	《鸟投林》
	《采茶舞曲》
	《天山之春》

（续表）

年级	民族音乐欣赏作品
五年级	《淘金令》
	《庆丰收》
	《吉祥三宝》
	《牧笛》
	《紫竹调》
	《喜洋洋》

（二）实践

笔者于 2020 年开展上海市"空中课堂"在线教育视频课《音创活动》，于 2021 年开展徐汇区小学音乐学科公开课《玩转"库乐队"——民乐合奏》，于 2022 年开展多节校级数字化民乐课堂公开课。在此基础上，笔者设计运用数字化开展民族音乐作品教学的教案，并运用调查问卷、课堂观察量表及课堂观察效果，验证其有效性。

"中高年级学生民乐小知识调查问卷"面向校内三至五年级学生（共 520 名），回收有效问卷470 份。本次回收的问卷中，250 份为男生问卷，220 份为女生问卷。调查显示，60% 的学生会演奏一门乐器，20% 的学生会演奏民族乐器，100% 的学生能举例写出一件民族乐器。说明虽然学习民族乐器的学生不多，但是学生对民族音乐基础知识有一些了解。

为进一步对比在传统式教学和运用数字化教学下，学生是否对民族音乐素养有提升，笔者设计了"民乐欣赏教学课堂观察量表"，并运用数字化开展民族音乐欣赏教学的课堂观察量表，通过调查问卷，在中高年级中，筛选民族音乐素养水平接近的两个班级（甲班和乙班）。由观课老师和笔者共同对甲、乙班的学生填写课堂观察量表，笔者收集数据，对比分析数据。

甲班是运用数字化教学的班级，乙班是传统民族音乐欣赏教学的班级。通过对比、分析数据，可以发现，民族音乐素养水平接近的两个班级中，通过运用数字化进行民族音乐欣赏教学，可以更好地提升小学生民族音乐素养。

在甲班，笔者运用数字化的模拟演奏界面基本还原了乐器原本的样子，甲班学生可以一目了然地知道乐器的基本构造。在演奏过程中，学生也能通过不同的屏幕触控方式感受各乐器不同的演奏技巧以及带来的声音变化，比如在二胡演奏界面中，长按琴弦、短按琴弦、滑动、触动等形式可以模拟二胡的拉奏、拨奏、颤弓、拟声等演奏技巧。另外，学生在演奏过程中还能感受到中国五声调式的旋律特点，为今后更深入地学习民乐打下基础。

数字化软件中的模拟演奏、键盘演奏、资源库声音片段功能都可以较为真实地模拟出民族乐器的音色，甲班学生切换乐器、对比聆听乐器音色的操作也非常方便，可以帮助他们更直接地感受到不同民族乐器的音色特点，提高民乐音色的听辨能力。对比乙班传统课堂中学生大多只能唱一唱来表现民族音乐旋律，甲班学生运用数字化软件中的键盘演奏功能不仅可以零基础地用民族乐器音色演奏旋律，还能多种乐器、不同声部一起合奏。演奏能力较强的学生可以演奏民乐作品完整的主题旋律，演奏能力稍弱的学生可以演奏主题旋律中每小节的第一个音，演奏能力更弱的学生可以使用民族打击乐功能进行打击乐伴奏。这样既能齐奏又能合奏，可以师生合作也能生生合作，共同来演绎民族音乐旋律。

数字化软件的资源库中包含了大量民族乐器的音乐片段，学生想听、想用哪种音色都可以从中找到，只需要进行组合就能创作出丰富的音响效果。使用数字化软件能突破传统课堂的资源限制，更好地帮助学生结合已有的音乐经验来创作、表现更多音乐形象。

（三）梳理汇编

笔者将中高年级民族音乐作品进行设计汇编，运用数字化创意实践重构中高年级单元内容，以"库乐队"软件为例（见表 2）。

表 2

"库乐队"实践	中高年级民族音乐欣赏作品	"库乐队"实践内容
第一部分：探索"中国打击乐"界面	《庆丰收》	探索"中国打击乐"组中不同打击乐的声音，有强有弱的声音效果，并编配打击乐为歌（乐）曲伴奏。
	《淘金令》	
	《吉祥三宝》	
	《欢乐的火把节》	
	《阿细跳月》	
第二部分：探索"古筝"界面	《洞庭新歌》	探索"古筝"界面，用不同的触屏方法和各种不同的功能键，了解古筝音色，以及所奏出的各种音效。
	《天山之春》	
第三部分：探索"二胡"界面	《小青蛙》	探索"二胡"界面，用不同的触屏方法和各种不同的功能键，了解二胡音色，以及所奏出的各种音效。
	《赛马》	
	《鸟投林》	
第四部分：探索"琵琶"界面	《阿细跳月》	探索"琵琶"界面，用不同的触屏方法和各种不同的功能键，了解琵琶音色，以及所奏出的各种音效。
第五部分：民乐合奏	《彩云追月》	使用"多轨录音"界面中录制伴奏、调整音轨等功能制作民乐合奏音乐。
	《宜兰童谣》	
	《幸福年》	
	《喜洋洋》	
	《紫竹调》	
	《采茶舞曲》	
	《牧笛》	

　　"库乐队"将小学音乐课堂中的民族音乐欣赏教学变得更具有互动性，改变了传统教学"填鸭式"的知识灌输。"库乐队"利用互动性，加强生生、师生之间的合作学习，培养学生的合作力以及积极展现自我的心态，促进学生和谐发展，激发学生学习民族音乐的有效性，丰富小学生们的音乐课堂，增强对民族音乐的理解。但是本研究由于实践研究较短，所以取得的实践和认识有一定的局限性，今后可以多关注以下方面：

　　（一）拓宽实践对象

　　结合学生实际情况，不仅可以提升小学中高年级的民族音乐素养，也可以拓宽小学低年级的信息化赋能教学，通过梳理小学低年级上海音乐学院出版社《唱游》教材中涵盖的民族音乐欣赏作品，提升小学低年级的民族音乐素养。

　　（二）开发技术资源

　　关注更多信息技术音乐学习软件，除"库乐队"外，"随身乐队""音虫软件"等技术资源，可以一定程度上辅助音乐教学。帮助学生在"做中学，趣中获"，提高音乐的听觉理解能力、乐感与音乐美感的表现力、即兴编创与音乐创作能力，激发学生的音乐学习兴趣。

浅议增值性评价在初中英语教学中的运用

孙　超

摘　要：为了切实缓解当代学生的课业压力，更好地促进学生的身心健康发展，中共中央办公厅、国务院办公厅于 2021 年 7 月印发了《关于进一步减轻义务教育阶段学生作业负担和校外培训负担的意见》。其中提出意见：将原以"分数"为主、以考试为判断依据的评价体系，改革为"考试成绩呈现实行等级制"的评价制度。这和《国家义务教育课程标准》中提到的评价建议是完全一致的，这一推行实施着实是一大创新性的试验。

关键词：新课程改革；增值性评价；初中英语

一、增值性评价的方法

这次新课标的实施内容中展现了教学改革的完整路径：目标、内容、实施和评价。对于评价这方面又分为：评价理念，学业质量描述和评价建议。这一要求催化学生评价改革，要求教学工作者从传统的分数评价体系，转变为增值性评价体系，改进结果评价，强化过程评价，探索增值评价，健全综合评价，着力推进评价观念、方式方法改革，提升考试评价质量，从而强化考试评价与课程标准、教学的一致性。

增值性评价强调基于课程标准的评价，反映学生达成课程标准要求的实际情况，细分评价内容。相较原先的百分制成绩，多了更多的评价内容，除了最后的期末评价，还增加了课堂评价、作业评价和单元评价，实则是终结性评价和形成性评价的相互融合，更提升了评价的时效性。增值性评价基于课程标准，在评价的每项指标上都给予过程性的评定，及时与学生针对每项指标进行沟通交流，从而激发他们内在的学习兴趣，强化评价的反馈和激励功能。

二、增值性评价的运用

增值性评价改革的最大亮点在于：遵循学生身心发展规律和教育规律，从"育分"回归"育人"的教育本质。这一评价的目的是减负增效，激励学生的发展，既基于学生的学科成果，又着眼于学生个体的综合素养的提升。在这两年的教学中发现，增值性评价产生了三个方面的变化：评价维度由单一走向多样；评价表达由单一走向多种；评价的价值取向由消极走向积极。

1. 增值性评价对初中学生英语学习的影响

在这两年的上海初中英语教学中，增值性评价对于学生英语学习的听、说、读、写都有一定积极的影响，凸显了被百分制评价遮蔽的一些重要信息，包括学生学习英语的兴趣、习惯和结果。增值性评价下，学生英语阅读的情感因素更加被重视，学生们更容易将在阅读中所学的灵活运用在实际生活中。在英语写作方面，增值性评价给了学生更多自我纠正错误的空间。学生可以通过教师有针对性的专业评价，自行修改错误，从而激发其内在思考能力、提升学习兴趣。在对学生的听说能力训练中，在教师逐步增值性评价的明确引导下，学生增强了表达的欲望与自信，而英语对话时长也得到了增加。

由于增值性评价在一定程度上模糊了成绩排名的精确性，从某种程度上可以缓解学生们看到具体分数时的焦虑与不安情绪，进而营造出一种较为宽松的学习氛围，有利于他们提升学习自信心。在此影响下，学生能够注重培养自身的兴趣爱好，激发自我探究的英语学习能力，并有助于素质的

作者简介：孙超，上海师范大学附属高桥实验中学一级教师。

提升。从教学实践中看，实施增值性评价后，学生在教育活动中的主体意识有所提升。从传统思维模式下的考试与分数中解放出来，有更多的时间与精力去参加自己热爱的活动。学生更愿意在英语课堂中表达自我，主观能动性得到了提升，这更有利于学生对于自身学习有更深层的思考并及时对自己的阶段性学习做出最适当的调整。除此之外，学生对于英语的自我探究能力有所提升。英语课堂上的更多讨论环节也让学生拥有了自纠自查的能力。与传统"填鸭式的"教学方式相比，这种相对宽松的评价方式会给学生们更多的自由空间，让他们自己反思不足之处；并在教师有针对性的指导下，探索出最适合自己的学习方法。在我校学校制定的校级期末评价表格中，平时成绩占学期总评的30%。教师们会通过观察学生们平日的课堂表现与作业完成情况给予较为主观的灵活评价。在上海大部分初中学校中，相较于学生们的学习兴趣、态度和阶段性成果，学习习惯是学校老师们考核学生学习情况的一个更为重要的因素。所以在增值性评价影响下，对于学生而言，可以提高他们的学习热情、提升学习自主能力。

2. 等第制评价对英语教师教学的影响

增值性评价是促进教师们教学观念转变的一种有效特征。在之前以百分制为主要评价方式的背景下，教师们的教学目标趋于功利化，追求"育分"。教师在制定教学目标过程中，需明确知识目标、能力目标和情感目标三者可兼得，并能相互作用。但在功利化的教学目标下，知识目标被放大，情感目标被忽视。对于初中英语教学来说，由于英语基础考试知识点不会发生很大的改变，知识目标的设定易被固化。在课堂上，教师们会习惯性地强化英语语法考点的机械操练，而忽略设计一些新颖有趣的教学环节、课外阅读内容的丰富补充、中西方文化的渗透等，学生往往不愿积极参与课堂活动，不愿意开口表达，不愿意提出思辨的观点。然而在增值性评价的作用下，教师根据英语学科的主体模块（包括语言、词汇、语法、句法、语篇）来强化及时反馈，个体特征呈现，校正下一阶段教师的教学策略，用增值性激励性评价，指出学生英语学习的薄弱方面，究其原因，提出改进意见，明确其努力方向。教师可以对标新课标，全面落实知识与技能、过程与方法、情感与态度与价值观的一体要求。从重分数到重素养，在关注学生英语学习水平的同时更关注学生英语学习兴趣的培养和良好的英语学习习惯的养成。

3. 增值性评价的相对性

上海初中学校在"双减"背景下实施增值性评价的出发点是为了减轻学生的课业负担，有利于学生素质的提升，这点确实在这两年的教学实践中得到了有效性的印证。不仅在学生的在校表现中得到了印证，在家庭里，也起到了缓和家庭矛盾的作用；大部分家长在家庭教育中都做出了些许改变。家长，作为孩子的责任方，会自然赋予孩子更高的期许；同时，他们本身在"唯分数论"的教育环境下成长，会默认以"分数"评价学生学习水平的合理性与唯一性。因此，虽然大部分家长们从表面上看认可这一增值性评价的实施，但其中掺杂了一些主观的消极情绪，例如无奈、慌张与焦虑。与此同时，通过与家长的沟通，教师也感受到了家长对于孩子学习情况的困惑和焦虑，从而也印证了家长面对增值性评价这一改革存在一定的疑虑。因此，增值性评价也是有其相对性的。这更需要教师在学生和家长、校内和校外之间架起中间桥梁，在增值性评价产生的相对性中起到关键作用，引导家长逐步放下"只关注成绩"的评价方法，逐步适应增值性评价，从根本上减轻学生的校内外课业负担。

在"双减"的背景下，新课标的要求增值性评价在上海初中英语教学中得到了一定落实，以评促教，以评促学，既提高了教学效果，又进一步激发了学生学习的兴趣和热情。增值性评价在学科教学中广泛应用，可改变教师的教学行为，进一步提升教学质量。

陶行知教育思想下大单元主题教学行动研究

——以《小数乘法》为例

金 雷

摘 要： 小学数学学科的课程知识大多数都与学生的日常生活息息相关，数学教学要注重培养学生在实际生活中发现问题、提出问题、分析问题和解决问题的能力，这与陶行知的"生活即教育""学校即社会""教学做合一"的教育理念一脉相承。而大单元主题教学，就是以生活实例为主线，通过解决生活中的问题使学生更加全面地掌握单元所学的内容，建立起更加完善的知识结构，加深对所学知识的了解，从而达到活学活用的目的。

关键词： 陶行知教育思想；大单元主题教学；小学数学

陶行知是中国现代著名的教育家，他倡导的"生活即教育""学校即社会""教学做合一"等教学理念都是在亲身办校治校的过程中提出的。这些教育理念为我国的教育事业做出了极其伟大的贡献。大单元主题教学是让学生在老师的指导下，对所学知识、技能和情感进行深入的理解和探索，目的是有效地探索学科的基本原理，打通知识间的内在联系，并把它应用到日常生活中去，从而让学生达到更高层次的思考能力。以下我们将结合陶行知教育思想，以"生本"的教学观念为切入点，分析小学数学大单元主题教学的优化策略，以期能够有效地提升学生的数学综合素质。

一、大单元主题教学实践的重要作用

1. 突破知识的碎片化教学

在以往的数学课堂教学过程中，教材的编排和老师的教学都是以知识点为基础的，这样的教学方式虽然能够有效地帮助学生突破单一、分散的目标，但是在学习的过程中，学生的思维并没有完全的融合，并且所学的知识点也会变得杂乱无章，很容易让学生在学习的过程中，不能将自己所学的内容整理出来。而大单元主题教学，打破了以往的零散知识，根据学生的基本情况和教材编排的内容，让学生进行系统的学习，在学习的过程中充分注意到整体的知识，也培养出在学习中的全局思维。

2. 构建知识的深层次关联

从大单位的概念分析可知，所谓大，其实质是连结，即学生应能良好地构建一些相关知识的图谱。故此，在小学数学学科中开展大单元主题教学，能够使知识的深度规模连贯，并能使学生在一定程度上了解具体的知识，进而加深对知识结构的认识，为以后的学习打下良好的基础。

二、大单元主题教学的特征分析

在"大概念"指导下的单元教学和深度学习的单元主题教学，都是围绕着学生的核心素养进行的。本文分析大单元教学的相关理论和实践案例，从中我们可以看出，大单元主题教学具有如下特征：

首先，内容聚焦，整体关联。大单元主题教学突破了传统的课程时间结构，对特定的知识进行了重组。它的总体关联性表现为：第一，知识内容的整体关联。把零散的数学知识按其结构次序进行组合。第二，学习方式的整体性联系。这就是大单元主题教学中所关注的核心内容，其思维模式往往是一致的，而且学习方式也是相同的，这对知识的有效迁移起到了很好的作用。

其次，以问题为中心，进行深入研究。大单元主题教学中的深度学习问题并非单个问题，而是以核心内容为基础，具有很强的代表性和挑战性。教师在进行教学设计时，应根据学习题目的特征

作者简介：金雷，安徽省芜湖市解放西路小学二级教师。

和学生的体验来进行深入的思考与探索。在此基础上，通过对这些问题的分析，使其能够更好地进行学习方式的迁移，对所学的知识进行全面的理解和掌握，并在实践中培养学科的核心素养，达到有意义的学习。

最后，多元整合，全面发展。单元教学设计既是从数学的本质出发重新构建知识内容，又是把核心素养的各个元素融合到单元教学设计中，主要是从多个角度提高学生的综合素质。

三、陶行知教育思想下大单元主题教学行动研究

陶行知的"教学做合一"理念对教、学、做三者关系进行了明确阐述。在小学数学教学中，作为教师要明确教学是以学生为主体的，要注重于学生的学而不是教师的教。大单元主题教学就充分发挥了学生在课堂上的主体性，尊重学生的认知水平，关注学生的生活经验，拓展学生的学习方式，真正从根本上发展学生的数学核心素养。

1. "分类指导"，帮助学生实现学习目标

基于大单元主题教学的背景，以及学生生活经验以及核心素养的变化，教师应该如何进行大单元学习目标的设计？就目前来看有两种可能：一方面可能就是按照不同类型、层次、发展目标进行整体教学，这也是基于学习者个体差异、认知水平和学习需求来设计的教学模式；另一方面，可能就是按照不同类型、层次和特点来设计大单元主题课了。对于大单元主题教学来说，可以采取两种方式。无论是采取哪种方式，首先应该尊重学生对已有知识的掌握情况。教师只有知道了学生已经知道了什么，才能对单元的整体目标进行合理的把握。

例如，在教学《小数乘法》前，教师对班级内学生进行了单元教学前测问卷调查，分别对学生的整数乘法的运算能力、算理理解，单位换算和运用积的变化规律解决简单的小数乘法计算进行了考察（见图1）。

单元教学前测卷

姓名_____

1. 列竖式计算

$186 \times 8=$ $68 \times 31=$ $145 \times 14=$

2. 体育老师为了加强学生的篮球能力购买了15个篮球，每个篮球68元，一共花了多少钱？

竖式中箭头所指的数表示的

意义是（   ）.

$$
\begin{array}{r}
6\,8 \\
\times\ 1\,5 \\
\hline
3\,4\,0 \\
6\,8\ \ \\
\hline
1\,0\,2\,0
\end{array}
$$

3. 单位换算

12cm=（   ）m   25.6元=（   ）角   18g=（   ）kg

4. 根据$15 \times 8=120$，将下列算式补充完整。

$150 \times$（   ）$=120$ $15 \times 0.8=$（   ） $1.5 \times$（   ）$=120$

图1

根据学生的检测情况，结合2022版课标中强调数的运算重点在于理解算理、掌握算法，形成运算能力和推理意识，教师制定了以下教学目标：学生能正确地进行小数乘法的计算，并能对算理做出合理的解释；培养转化、对比的数学思想；提升迁移能力和推理能力，发展数学核心素养。这些教学目标由易到难，逐层递进，教师围绕教学目标，对单元教学活动进行整体设计。

2. 整合单元学习内容，打通知识间的内在联系

单元包含的数学知识点很多，这对于基础知识和学习能力都不是很强的学生来说，很难掌握，而这个时候，教师就可以将教材中零散的知识点结合在一起，形成一个完整的知识结构。这样既可以有效地教授知识，又可以激发学生的学习动力，扩大他们的眼界，为他们的单元学习打下良好的基础。在这一过程中，一方面要求教师对单元的内容有足够的把握，使知识点能有效地整合、衔接、延伸。另一方面，要保证教学方法的多样性，如项目教学、问题提问、数学挑战游戏、小组合作等，

让学生对单元数学的认识有新的认识，并以更加积极的态度去探究和学习单元数学，从而达到深度学习的目的。

例如，在《小数乘法》的教学中，教师认真研读了不同版本教材有关小数乘法的教学内容，分析编排特点，发现都是从小数乘整数到小数乘小数，逐步理解小数乘法的算理，并概括出算法。并对人教版教材的教学内容进行了梳理，进行整体把握。发现教材中安排的有关小数乘法计算的3个例题都体现了转化思想，从而创设学生熟悉的情境把"小数乘整数""小数乘小数（1）""小数乘小数（2）"三部分结合起来，形成一个大的单元来进行教学。这样，把单元教学内容结合起来，能使学生更加系统地掌握小数乘法的知识，从而达到深度学习的目的。

3. 创设促进深度学习的单元情境，给予学生积极体验

陶行知指出"生活即教育"，在他看来，教育和生活是同一过程，教育含于生活之中，教育必须和生活结合才能发生作用。[1] 目前，情景教学法由于它能充分激发学生的视觉、听觉、感觉等多种感觉，使学生产生情感互动，使学生有一种身临其境的感觉，变化多样、内容丰富等优点，受到广大教师的欢迎，并被广泛地运用于实践性教学中。对人教版小学数学教科书的内容进行分析、研究，可看出，可以创造情境的材料很多，要使学生在学习中更主动、更积极地学习，达到更好的学习体验，从而达到更好的学习效果；这个时候，老师们就会有针对性的指导和指点，自然就能更好地完成深度学习的大单元主题教学。[2]

例如，在教学《小数乘法》中，教师创设了让学生感兴趣的购物情境，对学生进行劳动教育，让学生体会到数学来源于生活，应用于生活，调动了学生学习的积极性。引导学生通过观察情境图，收集整理有用的数学信息，得出统计表。学生根据表格中的数学信息，提出有价值的数学问题。整个情境都是以学生为主体，逐步培养学生发现问题，提出问题、分析问题和解决问题的能力。

4. 激发学生探究意识，提升深度学习水平

学生是学习的主体，只有充分激发学生的学习兴趣，他们才会积极参与到学习活动中，进而提升深度学习水平。因此教师需要充分发挥学生"玩中学"的主动探究精神，通过多样化、多层次的教学方式，营造宽松自由、积极竞争、善于合作、积极创新的良好氛围，在课堂上鼓励学生大胆提出问题、积极提出自己的见解，并组织学生进行交流和探讨，激发课堂主体在探究活动中的探究意识，促使其逐步提升深度学习水平；同时为充分发挥小组成员各自优势，培养合作探究精神，教师可以鼓励小组成员之间采用小组内合作交流的方式去完成各自的任务，也可以采取小组之间相互合作互帮互助去完成某一类特定课程内容的教学任务；此外，还可以为每个小组创设讨论、交流、展示等形式的环境，从而逐步实现深度学习的最终目标。

例如，在探究小数乘法的算理过程中，先让学生通过小组合作的方式，探究 3.6×3 的计算方法，初步感受用转化的方法计算小数乘法；在学生对计算方法有了一定的了解后，再让学生采用同桌之间相互交流的方法计算 4.56×5，发现当计算出的积小数末尾有0时，根据小数的基本性质，0可以去掉，让学生进一步掌握小数乘整数的计算方法。有了这些活动经验，让学生用转化的方法独立计算 36.7×0.5，再一次体验用转化的方法学习新知。在整个探究的过程中，学生经历了不同的学习方式，由浅到深地理解并掌握了小数乘法的计算方法和算理。良好的数学课堂教学氛围对于保证教学效果、提升师生之间交流、促进学生深度学习有着至关重要的作用。这就要求教师在课堂教学中要充分激发学生对知识学习的兴趣，帮助学生明确科学的学习态度。教师必须从这一点出发展开各项教学活动，才能实现目标。[3]

参考文献

[1] 金林祥. 二十世纪陶行知研究 [M]. 上海：上海教育出版社，2005：64—65.

[2] 黄丽娜. 基于深度学习的高中生物学大单元主题教学实践分析 [J]. 教学管理与教育研究，2021，6（24）：99—101.

[3] 韩娜. 基于深度学习的初中数学单元主题式教学研究 [D]. 辽宁师范大学硕士学位论文，2021.

实践"生活教育"思想　打造活力语文课堂

景明水

　　摘　要：陶行知先生提倡的生活教育，就是要求我们从生活经验中选取课程内容，事实上，任何一个教学情境、教学模式必须纳入生活的气息才能够富有生命力。语文教师在教学设计时要有意识地将书本内容与学生生活建立联系，有效拓宽语文教学的边界，改变"就教材教教材"的沉疴陋习，从而增加学习内容的亲近感，激发学生学习的兴趣，降低理解体悟的难度，让语文课堂教学散发活力。

　　关键词：生活教育；活力语文；课堂教学

一、从生活经验出发，让教学更有可感度

　　美国学者奥苏贝尔认为："有意义学习是符号所代表的新知识与学习者认知结构中已有的适当概念建立非人为、实质性联系的过程。"语文教学要尽可能建立在学生生活的基础上，引导学生感知生活、发现生活、体验生活，让生活因子融入语文课堂教学之中。《落花生》是统编版语文教材五年级上册第一单元的一篇课文，是现代作家许地山先生的作品，课文围绕"种花生—收花生—吃花生—议花生"，真实记录了作者小时候的一次家庭活动和受到的教育。本单元的主题是"一花一鸟总关情"，语文要素是"初步了解课文借助具体事物抒发感情的方法；写一种事物，表达自己的感情"。一位教师在执教过程中向学生提问："读了课文，你知道花生有哪些好处？"学生接过教师抛来的话题，边读课文边到文中搜集信息，找到了"味道美、可榨油、价格低"等好处。虽然看似学生读懂了课文，也完成了预期的教学任务，但是这样的教学只是让学生停留在低阶思维层次，其实学生并没有真正走进课文、体悟文本。笔者在教学这篇课文之前，就提前一个星期给学生布置作业："①在家长的带领下到农户的花生地里实地走访，向农户现场了解花生的知识。（选做）②请家长指导自己做一道花生美食，并一起品尝。③利用节假日走进图书馆或上网搜集有关花生的资料，并做好必要的记录。"由于学生有了生活的基础和充分的准备，在学习这篇课文时，学生们在课堂上不仅分享了很多课文中没有讲到的花生播种、培育、生长、收获和美食做法等知识，而且对文中父亲说的"所以你们要像花生，它虽然不好看，可是很有用"这个关键句理解更到位、感悟更深刻。再如统编版四年级下册收录的老舍先生的《猫》，课文生动、翔实地记述了猫的古怪性格和它满月时的淘气可爱，字里行间流露出作者对猫的喜爱之情。笔者先期安排学生观察、记录猫的生活习性，并连续撰写"观察日记"，指导学生努力写清楚猫的饮食、表情、动作、玩耍、休息等日常生活表现。因为课前学生近距离、长时间与猫接触，有了生活的积累和经验，学生学习起来既感到轻松有趣，能够讲述出很多日常生活中观察到的猫爱早起、爱溜达、爱热闹、爱吃鱼等生活习性，又更能切身体悟到课文中猫"古怪"的性格特点和作者是如何巧妙地表达对动物的感情。

二、从生活视角导入，让教学更有契合度

　　苏联心理学家维果斯基认为学生发展有两种水平："一是现有水平，二是可能发展水平，两者之间的差异就是'最近发展区'，教学应着眼于学生的最近发展区。"课堂教学中，要充分了解和把握学生的真实状况，切实把"以学习者为中心"的理念落到实处，主动基于学生的生活背景设计教学话题，勾起学生对过往生活的回忆，引发学生的学习兴趣，自然过渡到新课的学习。统编版三年级

作者简介：景明水，江苏省盐城市大丰区实验小学副校长、高级教师。

下册收录的《肥皂泡》是著名作家冰心写的一篇回忆性散文，记叙了冰心童年时代吹肥皂泡的经历，寄托了作者对美好生活的向往。一位青年教师在课堂教学中，安排学生初读课文、了解课文大意后，努力引导学生品读课文语言，启发学生展开大胆想象，以期让学生感受吹肥皂泡的好玩和有趣，但是始终未能引发学生情感共鸣，课堂教学未能达到预期效果。笔者认为，导致该教师课堂教学效果不彰的主要原因是教学方式脱离了学生的生活基础，不贴近学生"最近发展区"。事实上，在生活中几乎每个学生都曾经玩过肥皂泡，不过现在大多数孩子玩的是甩肥皂泡，而非吹肥皂泡，与冰心的童年生活有所区别，玩法不同罢了。教学时，不妨先组织学生以"有趣的肥皂泡"为话题，引导学生交流各自生活中玩肥皂泡的经历和感受，再以"冰心奶奶玩肥皂泡与我们玩肥皂泡有什么不同"的思辨性话题激发学生的学习兴趣，引导学生聚焦课文重点段落，快速进入深度学习状态，切身感受作者小时候吹肥皂泡时的童真、童趣、童乐，体会吹肥皂泡喜悦的心情和丰满美妙的想象。再如统编版四年级上册收录的《爬天都峰》一文按照事情发展的顺序记叙了"我"在假日里爬天都峰，"我"和老爷爷互相鼓励，终于一起爬上了天都峰的事。教学时可以先组织学生畅谈自己爬山或远足的经历，重点引导学生讲述遇到的困难及如何克服困难，从而为新课学习奠定必要的情感基础，进而水到渠成地带领所有学生进入到课文学习情境。

三、从生活立场拓展，让教学更有提升度

《义务教育语文课程标准（2022 年版）》在"教学建议"部分提出"注重语文与生活的结合，注重听说读写的内在联系，追求语言、知识、技能和思想情感、文化修养等多方面、多层次发展的综合效应"的教学要求。因此，笔者认为教完课文不等于教学任务结束，也不代表学生学习活动停止。教学时要有意识地面向学生的生活进行拓展，扩充课堂教学内涵，延伸课堂教学范畴，引导学生在生活中学语文、用语文，不断提高语文课程的综合育人价值。《慈母情深》是统编版五年级上册收录的一篇文章，选自梁晓声先生《母亲》，讲述了贫穷辛劳的母亲不顾同事的劝阻，毫不犹豫地给钱让"我"买《青年近卫军》，让"我"终于拥有了第一本长篇小说的事，表现出母亲对孩子无私的爱，表达了"我"对母亲的感激之情。读完课文，谁都会被慈母情深深打动。一位教师执教时，让学生谈母亲对自己关爱的往事，但是学生大多数谈的是母亲做饭、买衣服、送上学、去看病等日常琐事。虽然讲得很真实，但是难以激发起学生内心的感激之情，也未引起大多数学生的情感共鸣。笔者教完这篇课文是这样进行拓展的：先布置学生面对面采访妈妈、爸爸，了解自己成长中的点点滴滴，感悟父母抚育的辛劳和不易，并以"慈母情深"为题进行班级对话交流，让学生讲述"令自己感动的一幕"，从而水到渠成地激发起学生对父母发自肺腑感激之情。再如《刷子李》是统编版五年级下册收录的冯骥才先生写的一篇小说，选自作品集《俗世奇人》，讲述的是刷子李新收的徒弟曹小三对于刷子李高超技艺的传说半信半疑，曹小三学徒第一天亲眼看到师傅的绝活后，不由得对师傅佩服至极。教完这篇课文后，笔者有意引导学生留心周围生活，实地观察身边刷墙工人的工作样态，并与课文中的"刷子李"进行对比，从而让学生更加深切地体悟到"刷子李"刷墙技艺高超，堪称"一绝"。

"课堂即生活，生活即课堂。"语文课堂的外延与学生生活的外延相等，只有将课堂教学与学生生活建立联结，帮助学生将知识技能与个人的已有知识技能、情感态度等联系起来，将客观世界与主观世界联系起来，将内化与外化形成良性循环，才能实现课堂与生活相互渗透、相互促进，让课堂焕发出生活的色彩和生命的光泽，最终实现陶行知先生所倡导的"教学做合一"。

小学中高年级数学核心素养培养中微课的构建与运用

——以《小数应用——水、电、天然气的费用》的教学为例

刘俊艺

摘　要：微课是当前教育发展中的一种新型教育模式。结合微课的应用，能帮助学生构建数学知识体系，提升数学应用能力，落实小学数学核心素养的培养，特别是应用意识的培养，同时也积极影响着教师开展多样化的教学，进一步打造高效课堂。

关键词：核心素养；微课；高效课堂

一、问题的提出

2022年新修订的课程标准中指出，数学核心素养主要包括："会用数学的眼光观察现实世界、会用数学的思维思考现实世界、会用数学的语言表达现实世界。"核心素养是为了促进学生综合发展而提出的。那么教育观念、教学方式的转变，最终都要落实到学生学习方式的转变上。微课视频因其本身短小精悍，学生可以自己掌控学习的时间、进度和深度。它不仅能满足不同层次学生的学习需要，妥善地解决好既满足尖子生求知欲，又促进学困生达到教学的基本要求。在课堂中，教师也有更多支配的时间去组织、引导学生的探究活动，从而提升课堂教学的有效性。

然而，现阶段国内大多数微课更多呈现的是一段时间较短的传统讲课视频，其中教师"一言堂"占多数。很多教师将主要的精力都放在了视频制作上，却忽视了课堂教学。在以发展学生数学学科核心素养为目标的教学背景下，如何在课堂上组织师生、生生之间的互动和交流？如何使学生"吸收内化"的学习过程效益进行提升？这些都需要教师做出精心的准备和细致的观察，真正做到因材施教，真正利用微课这个载体来促进课程的教学改革。

二、案例介绍

（一）案例背景

当微课用于课外教学时，可以作为教学辅助，以达到解决在课堂教学中无法解决的问题。那么要让微课进入课堂之内，它又该以什么样的形态出现呢？以下我们以《小数应用——水、电、天然气的费用》一课为例，借助微课之力在教学中落实对学生的应用意识的培养。

该课是沪教版小学数学第九册《整理与提高》这一章节中的内容。之前，学生已经系统地学习了小数的四则运算。教材借助于生活中常见的水、电、天然气账单中的费用问题，帮助学生进一步理解生活中常见的数量关系，并巩固小数的运算，从而提高学生获取信息、处理信息的能力。

教学班学生有一定的观察与问题解决能力，且具有一定的小数四则混合运算知识基础，但从课前测试中发现各账单中的某些专用知识超出了学生的认知范围。诸如：结转零头、排水金额、排水量的计算公式、峰谷电费计算法、阶梯电价计费方式等。此外，账单中信息量较大，特别是电费账单，大部分学生可能因为比较缺乏仔细审题、认真思考的习惯，以及解决此类问题的经验与策略。因此本节课所要重点关注的是要让不同学力的学生在各种账单的观察中学会思考，学会处理信息，在观察、比较、抽象、概括的过程中发展自己的逻辑思维，获得认知与能力发展的同时，也能收获自信和成功的体验。

出于以上的思考，将本课的教学难点和重点设为：正确理解水、电、天然气等生活中常见问题的计价方法，提高灵活运用数学知识解决实际问题的能力。

作者简介：刘俊艺，上海市杨浦区平凉路第三小学高级教师。

（二）案例描述

从学生的认知起点出发，为了更好地达成本课的教学目标、重难点，为本课教学制作了三份微课视频并借此在课堂中尝试教学。第一则是有关账单中学生认知盲点知识的微视频系列，如介绍什么是峰时和谷时等。第二则是有关分段计费的生活应用，例如出租车的分段计费。第三则是关于我国水、电能源现状的微视频。

片段一：课前导入

师：在我们现代城市生活中，水、电、天然气等都是必不可少能源。课前老师已经给你们观看了一些有关我国水、电能源现状的微视频。

师：你有什么感受吗？

生：虽然我们国家看起来有很多江河湖泊，但是能饮用的水资源不多，所以我们要节约用水。

生：我们国家人很多，但是资源其实并不丰富，我们需要节约水、电等能源。

师：同学们都发表了自己对我国能源现状的想法，那么你想了解家里每个月的水、电、天然气使用情况吗？今天我们就一起来研究这个问题。

片段二：同桌合作探究水费账单的数量关系

师：现在，我们来研究水费账单。课前我们已经观看了一段微视频，小丁丁已经为我们介绍了账单上"供水量""排水量"之间的数量关系。谁能来帮大家回忆一下？

生：供水量 ×0.9= 排水量。

师：验证一下，排水量 22.5 是如何计算出来的？

师：仔细看看，账单上还有哪些信息需要计算？

师：这两个数据该怎么算？请同桌相互商量，有困难的同学可以先考虑将数据填入表中，再做研究。

片段三：小组合作探究电费账单的数量关系

师：看！这是一张电费账单。它和水费账单一样，也由两部分组成，那这两个单价分别表示什么呢？请看微视频。（微视频略）

师：从微视频中你获得了哪些信息？

生：我了解了为什么要分时电费，是为了保证用电高峰的时候不会缺电，用电低峰的时候少浪费电。电发出来了没法保存，所以通过电价的分时计算来控制用电量。

生：我知道了峰时是早上 6 时到晚上 10 时，单价是 0.61 元；谷时是指晚上 10 时到第二天早上 6 时，单价是 0.30 元。

师：那这张表格中，缺失的信息你会计算吗？请你们小组合作，继续完成探究活动。

三、有效性及优势分析

（一）课前使用微课，让学习更有目的

1. 情境式导入，引情感共鸣

教学导入重在引发学生的探索兴趣和他的情感共鸣，以便能顺利进入学习情境。情境式导入是教学中最常用的方法。而在这方面，微课也有着独有的优势。微视频中的图片、声音等都可以煽动学生情感上的共鸣。在片段一中教师在课前让学生观看了一些有关我国水、电能源现状的微课。然后通过谈话式引入："你有什么感受吗？你想了解家里每个月的水、电、天然气的使用情况吗？"激发出学生的好奇和求知欲，不仅收到很好的导课效果，还渗透节能环保教育。

2. 自主性预习，促高效课堂

新知识与旧知识之间永远存在着千丝万缕的联系，循序渐进才是学习的不二法门。预习的意义在于完善循序渐进的过程。微课能够帮助学生有针对性地进行课前预习。那么在新课导入环节时，

教师就不需要花较多的时间帮助学生重新回顾所涉及的旧知识点，而可以将一定量的教学时间用在激发学生的学习兴趣上。

但是，课前自学"微课"的过程是在家里完成的，由于缺乏监管，往往产生以下问题：学生是否真实、认真地观看"微课"？是否已经看懂？掌握知识的程度怎样？还有哪些困惑？这就需要有监控和反馈机制。可以通过教学中的提问检验，也可以利用"学习任务单"。

带着任务意识开展课前的自主预习，学习目的更明确。那么在片段二中教师通过说一说"供水量""排水量"之间的数量关系，检验了学生预习的成果，为继续开展水费账单的研究提供了知识储备和时间基础。

（二）课中使用微课，让学习更高效

1. 重视合作交流，促使思维碰撞

如何利用微视频的优势更好地服务于学生，服务于课堂教学呢？在片段三中呈现的就是课中使用微课的教学过程。通过教师语言引导电费账单和水费账单的相同处，让学生通过观看微课后找一找电费账单的不同之处。在小组合作探究的基础上学生不仅能找到账单中本身所蕴含的数学知识，还了解了实行分时电费的意义。课堂变得灵活生动，学生更加乐意参与交流，也更加愿意在互动中积极发表自己的见解。

2. 分解学习难点，使学习简单而有效

微课并不是一种固定的教学形式，它可以是灵活多变的。在进行微课教学时，发现基于微课的教学要根据具体的课堂环境适当调整教学流程。微课教学不能够停留在教学表面，应着眼于促进学生数学知识的掌握，真正发挥微课的优势来帮助学生全面发展。

在研究水、电、天然气的账单时，教师可以把这些微课都提前发布给学生，但是作为教师要清晰明确学生在理解时一定是有重难点的，特别是理解电费账单。因此，教师可以根据各个知识点对这些微视频进行分割。在课中借助这些微课逐步突破各个难点。

3. 有效拓展课堂，提高课堂延展性

微课作为一种数字化课程资源，短小精悍目标明确针对性强，呈现的方式多种多样。在课外知识教学时教师合理应用微课，有助于拓宽学生的视野。

在研究水费账单时，微课不仅阐述了供水量和排水量的数量关系，还增加了一些相关的知识。

加强了学习过程当中的直观性和科学性，有效地帮助学生观察和理解，大大地提高了教学效率。对学生来说，如果有足够丰富的微课资源，那么就能更好地满足个性化学习。学生能按需选择，既达到查缺补漏的作用，又能强化巩固知识，是传统课堂学习的一种重要补充。

四、存在的困难及问题

微课虽然可以提高课堂的教学质量，但是并不是所有课程都适合，如果教学内容适合利用微课形式，那么教学过程肯定会事半功倍。哪些内容适合制作成微课进行辅助教学呢？在实践中我们还发现有时微课应用模式还存在与学生核心素养培养需求不契合等问题，阻碍了微课应用的落实。

五、对策及建议

知识点较小、内容相对独立、教学时间较短，又或者是学生不易理解的教学重点与难点等，这些内容都较适合制作成微课进行辅助教学。

（一）重新梳理教材，奠定微课辅助教学基础

教师精心阅读、透彻分析教材的同时，需要有意识地积极发现、捕捉挖掘和提炼数学教材。教师要能很好地领会编者的意图。对于任何一个知识点，以及知识点之间的内在联系，必须准确而深刻地进行把握。可以梳理中高年级教材中的知识点涉及范围，整理课型，目的在于理顺教师的教与学生的学的思路，同时让教师对教材有一个整体的认识，为"微课"设计与使用奠定扎实的基础。

（二）精心设计脚本，使个性化学习成为可能

目标明确是教学工作开展的第一步，也是关键步骤。教师对学生现有的知识结构做出全面、细

浅谈初中英语泛读教学

朱 频

摘 要：初中英语泛读教学是英语教学中的一个重要环节，主要目的是提高学生的英语阅读理解能力和阅读速度，增强英语语感，扩大词汇量，增加英语国家文化背景知识，同时，综合培养学生的分析问题和解决问题的能力。在初中英语泛读教学中，教师需要采取一系列有效的教学方法，以提高学生的阅读兴趣和阅读效果，从而提升阅读能力和综合素质。

关键词：初中英语；泛读教学；阅读能力

泛读和精读是相对的概念，不是说"泛"就是泛泛而读、不求理解了。泛读在于通过大量的阅读来理解文章类型以及段落之间的联系。好的泛读应该是不纠结于每一个单词、句型、句式，通读全文，从大的方向上去把握和理解一篇文章。遇到不会的单词，做好标记。读完整段或整篇以后再来看看这个词是常用的还是生僻的。根据你的日常生活来判断，如果是常用的词就要去仔细地查清楚意思、用法、搭配，然后记在自己的生词本上。如果是生僻的词，那么看一遍留个印象就可以了。通过大量的泛读，可以巩固与理解学到的单词，在日积月累的阅读中，记忆单词就不是难事了。

作者简介：朱频，上海市实验学校一级教师。

致的了解，并根据小学生所处身心发展阶段的特性进行有针对性的教学，制定微课设计模板，并设计微课。根据初步的脚本设计，再进一步细化"微课"中每一个镜头、每一句话、每一个措辞，形成微课视频。微课是为"一对一"的高效自主学习而设计的，其中蕴藏着最扁平化的学习体验——学生直接与知识和知识推演的过程进行交互，没有任何多余的、无关的、无效的中间环节。

要让学生能灵活应用数学课程知识要点，培养学生的数学应用能力，不是短时能达成的，需要长时间的培养，需要通过积极开展数学课堂信息化建设以及通过微课应用完善课堂教学流程等方式，促进微课应用的落实，推动学生的稳步发展。

六、总结与展望

（一）新理念促变新课堂

经过一次又一次的课堂实践与反思，我们看到有一种静悄悄的力量改变着课堂，改变着我们教师，同时也改变着我们的孩子。

我们的教师在变，他们经常在思考：我的教是否留下了空间？我的教是否激发了学生的潜能？我的教是否培养了学生的数学核心素养？理念提升，带来的是全新的数学课堂，今天的学生问题意识增强，通过"微课"的学习，他们有意识地开始运用各种方法来提出问题、思考问题、探究问题，从而解决问题。

（二）新课堂引发新思考

数学课堂上，随着学生问题意识的增强，学生经常会拿着自己的问题与老师探讨，老师也更多地放下姿态与学生一起学习成长，并积极设计适合学生数学学习活动和微课。教师的综合能力得到提升，对教材分析能力有了提高，每位教师都能在研究中转变自己原有的教学理念，在高起点上实现新的跨越。

在教学中，教师要注重培养学生的阅读能力，主要包括几个方面：快速浏览的能力；巧妙的猜词能力；独立的分析能力；准确地捕捉主题句的能力；合乎逻辑的判断能力。因此，教师应该通过精心的挑选、合理的设计，将精读教学与泛读教学结合起来，使之相辅相成，从而逐步提高学生对文本的理解能力和综合运用语言的能力。笔者通过自身的实践，将泛读教学总结为如下几个方面：

一、通过泛读丰富文化背景，拓展知识面，提升阅读理解力

学生经历或熟知的故事类文章，由于能与自己的生活经历和体验结合起来，产生联想、迁移、猜想和推断，所以阅读理解效果较好。而对他们不甚了解的说明类文章，阅读理解的效果就不太理想了，主要是因为学生缺乏相关背景知识，不理解文章所表述的内容。可见，给学生介绍相关的背景知识对提高学生的阅读理解能力是非常有必要的。

初中阶段学生的阅读材料主要包括两类文章：记叙类文章和说明类文章。记叙类文章主要是有关西方人的幽默故事、名人故事和一些重大的历史事件。说明类文章主要是介绍一些人的生平、著名的工程、西方人的风俗习惯、英美概况和科普知识等。

进行背景知识的介绍时，教师可以结合阅读文本的内容，或集中讲解，或有意渗透。在学生阅读前，教师介绍文章的相关背景知识，让学生了解文章的大致内容，减少阅读理解的难度。讲解阅读练习时，通过分析学生习题中出现的错误，也可以及时补充背景知识。此外，还可要求学生加强课外阅读，了解名人轶事、西方文化、科普知识和最新的科技成果，在课上或课外相互交流，共同提高。

二、通过泛读开阔学生视野，加快阅读速度，增强阅读感悟力

引导和鼓励学生广泛地阅读各种文章，开展课内外泛读是提高学生阅读能力的有效途径。泛读不仅能帮助学生巩固词汇和增强理解能力，还能开阔视野。教师指导学生泛读，要教会学生使用工具书，提供难度适当的材料给学生自读，使他们养成自读的习惯，从而培养学生独立的阅读能力。教师提供的泛读题材要广，既要有故事性文章，也要有科普性文章和应用文等。泛读材料后一般要附以要求学生掌握的有关文章主旨和文章细节的练习，教师可以用抽查的形式来了解学生泛读的反馈。学生则要做到四勤：勤读、勤记、勤问、勤回顾。"勤读"指勤读课外书，"勤记"指勤做笔记，"勤问"指勤问同学和教师，"勤回顾"指勤复习所读过的不理解内容。

三、通过泛读，学会"整体阅读"，确保阅读全面性

"整体阅读"是指将被阅读的文字以组或行、块为单位进行大小不一的整体阅读。而"组"和"块"内所包含的可能是词组、半行、一行、多行甚至整页内容，它是一种让我们能够从文字材料中迅速接收信息的一种阅读法。整体论（Holism）是哲学层次方法论的原则（Holistic Approach），要求全面系统地看问题，要从整体出发而不是停留在某个侧面。第一个使用"整体论"这个词的哲学家斯马茨说过"即使积累了某部分，也绝不能达到整体，因为整体远比部分之和大"。

整体阅读是一种大局观、一种思想。语言不应该被肢解，应该把语言、阅读作为一个整体来教，注重对学习材料进行感知，既见"森林"，也见"树木"。课堂上宝贵的 40 分钟，要设法做到：1. 保证学生阅读的连贯性；2. 有效检测学生对文章的理解；3. 为学生留下课后思考的空间，那么泛读的效果就会更好了。

四、指导学生掌握阅读技巧和阅读策略，提高解题准确率

有效的阅读技巧可以帮助学生提高阅读速度。阅读技巧包括：快速寻找文章的主旨句，把握文章的大意；根据文章的段落，理清作者的谋篇布局；通过上下文，猜测词义和代词的指代；通过分析文章的用词，推断作者的态度等。

文章的主旨句一般出现在文章的开端或文章的结尾，应要求学生集中精力把主旨句找出来。文章的第一段通常为主旨句段落，最后一段通常为总结段落，其他的段落都是说明主旨句的。了解文

章的段落结构，对提高学生回答细节问题的速度大有帮助。细节题一般是按照文章的顺序逐步提出的，学生掌握了这一技巧，就可以迅速、准确地找出问题的答案。

此外，文章中出现的生词可以通过上下文的内容去猜测。可根据单词在句中的成分猜测单词的词性，根据上下文的意思猜测单词的褒贬性，进而猜测单词的大意。作者对所写内容或人物的态度，可通过作者在文章中的用词进行推断。如果作者用的都是褒义词，说明作者赞成，反之就是反对；如用的都是中性词，说明作者持中立态度。

《英语课程标准》对初中阶段学生的要求是达到五级阅读标准。即能理解段落各句子之间的逻辑关系；能找出文章中的主题，理解故事的情节，预测故事情节的发展和可能的结局；能读懂相应水平的常见体裁的读物；能根据不同的阅读目的运用简单的阅读策略获取信息。

因此，帮助与指导学生学会如何阅读是英语教师的教学目标之一。教师还可以采取战略性的方法，将阅读教学作为主要目标，帮助学生在学校内外、阅读之前、期间和之后，独立地运用各种有效的阅读策略来提高理解能力。所谓策略阅读具有两层含义：其一，使用更有效的方法设计阅读教学；其二，教授阅读策略、发展阅读能力、培养自主的读者。在阅读之前，教师可以激活学生已经知道的话题。在阅读的过程中，教师可以强调学生对文章的理解，并帮助他们回忆信息。阅读一篇文章后，教师可以帮助学生思考他们所读到的内容，与他们了解的话题联系起来，获取新的信息。

实践证明，在阅读时熟练的阅读者比不够熟练的阅读者更多地使用到了某些策略，这些策略概括起来大致有以下几条：1.跳过自己不知道的单词；2.利用文本特征预测意义；3.通过上下文猜测生词的意义；4.不总是翻译成自己的母语；5.寻找同源词（即来自同一个词源的词）；6.对这个话题有一些了解；7.从标题中得出推论；8.遇到不懂的单词询问他人；9.重复阅读以检验理解；10.利用段落中所有的信息；11.根据句子的句法，找出段落的意思。

阅读策略的渗透要因文而异，作为教师要根据不同的阅读目的以及阅读材料的题材、体裁和语言特点选择合适的阅读策略，不能一味追求"大而全"。《课标》对不同年级的英语阅读能力要求是逐步提高的，要做到逐级推进、稳步提升。英语阅读策略的培养是长期性的，不是阶段性的，阅读教学不能只关心阅读的效果，还必须关注阅读的过程、学生的阅读方式、阅读的策略以及学生自主能力的提高。最终要为设计出符合学生需求和促进学生不断发展的读后语言输出活动做铺垫。

五、通过泛读，激发学生学习兴趣，促进英语写作能力

俗话说"兴趣是最好的老师"，如果能够激发学生阅读兴趣，就可以达到事半功倍的作用。我校借助《中学生英文报》作为课外阅读材料，指导学生进行泛读，他们在初中三年中积累了丰富的词汇，同时也培养了语感。

在平时的教学中，教师可以通过分析文本在体裁、结构、内容、语言上的特点，结合各种课堂活动，指导学生有目的地进行阅读。学生通过泛读，捕捉写作灵感；通过泛读，培养写作语感，而语感正是人们直接感觉和领悟语言的一种能力。英语语感的形成来源于大量的语言实践。在语言实践中，人们通过泛读，广泛地接触语言材料，积累语言知识，从而克服汉语思维的干扰，形成英语的思维定式。因此要写出好文章，就必须多阅读。通过二十多年的实践，笔者深刻感受到阅读能力和写作水平是相辅相成的。大量的阅读不仅可以丰富写作的内容，而且可以激发写作的兴趣，读得越多，写作灵感就越强。

古人云"读书破万卷，下笔如有神"，恰如其分地道出了写作与阅读之间密不可分的微妙关系。阅读是写作的基础，只有大量、广泛的阅读，才能加强学生理解和吸收书面信息的能力，从而有助于巩固和扩大学生的词汇量，增强学生的语感，丰富学生的语言知识，提高学生的书面表达能力。

总之，初中英语泛读教学是一项长期的、系统的工程，需要教师和学生共同努力。只有通过不断的实践和探索，才能找到适合自己的教学方法，提高学生的阅读能力，为学生的英语学习打下坚实的基础。

聚焦生活教育　提升小学英语教学效能

—— 以 3B M4U2 *Children's Day Revision: Lili's Children's Day* 为例

邱伊人

摘　要：《义务教育英语课程标准（2022 版）》提出：小学英语课程教学要注重扎根于生活实践。教师在课堂中，应以陶行知"生活教育"思想为切入点，突出学生的语言学习主体地位，从学生的真实生活出发，将英语教学融入生活中，依托生活化教学内容，链接学生真实生活；以问题为引领，促进学生自主思考，提升学生思维品质；结合生活化作业，延展学生情感体验，引导学生在生活化课堂中潜移默化的习得语言知识，形成英语语言技能，培养英语学习的兴趣和良好学习习惯，有效提升英语教学效能。

关键词：小学英语；生活化教学；新课标

一、"生活教育"在小学英语课堂中应用的意义

（一）基于课程标准

《义务教育英语课程标准（2022 版）》中指出：小学英语课程教学要注重扎根于生活实践，注重不断改进并提高教学质量。这与陶行知先生提出的"生活教育"教学理念不谋而合，在陶行知先生看来，要把教育置于生活之中，在"做"的诸多活动中积累更多知识。因此，在小学英语教学生活化方面借鉴"生活教育"理论的相应观点尤为重要。

（二）基于学生特点

小学三年级学生的思维存在一定的弹性，结合具体事物，可以有效实现逻辑思维的自主构建与培养，而生活教育恰恰需要在课堂中提供真实具体的生活情景与媒介，与学生思维特点不谋而合。

同时，三年级学生对有趣、直观的媒介具有浓厚的兴趣，对真实的情境充满探索欲，学生在课堂上乐于交流与分享，但注意力易分散、转移。采用"生活教育"理念的课堂具有直观、丰富、多样等特点，这与三年级学生的认知特点较为匹配，更容易帮助学生深入情境，在语境中形成逻辑思维，在提升学生学习热情的基础上帮助学生建立学习认知。

（三）基于学科特点

虽然随着社会的发展，英语的运用愈加广泛，但在实际的小学英语学习过程中，英语往往只在课堂上使用，学生在课后鲜少使用英语交流，从而造成语言环境的缺失，语言运用与实际生活存在断层。生活化教学强调现实生活与教学内容的结合，恰好为学生创造了真实的语言环境，在学生的语言习得与运用之间形成了链接，提高了学生在实际情境中的语用能力。

将生活化理念运用于小学英语教学中，有助于培养学生的英语思维，形成英语语言应用的意识和习惯，强化学生在现实生活中用英语对话交流的能力。因此，就学科特点而言，小学英语教学生活化意义对提升学生英语实践素养意义重大。

运用生活化策略进行英语教学，既可以激发学生学习的主动性，也能够实现语言教学的应用性目的，全面提升学生核心素养，有效提升教学效能。

二、"生活教育"在小学英语课堂中的实践策略

以牛津英语 3B M4U2 *Children's Day Revision: Lili's Children's Day* 为例，教师将"生活即教育""教学做合一"等理念融入英语课堂教学，开展教学实践。

作者简介：邱伊人，上海师范大学附属卢湾实验小学一级教师。

本课时的教学目标为：在 Lili's Children's Day 的语境中，借助单元核心词句从时间、场所、活动、感受等方面有条理地介绍 Lili 和自己的儿童节，感受中国红色历史文化，体会儿童节之趣。基于这一目标，教师挖掘校本化活动资源，创设生活语境；改编教学文本，渗透生活教育；借助多样资源，链接真实生活；借依托问题引导，关注学生主体，促进教学做合一；结合生活化作业，延展学生情感体验。通过多种途径，助推教学、学习、运用之间的相互融合，为学生的语用输出打下扎实基础，提升教学效能。

（一）借助各类资源，创设生活语境

陶行知生活教育思想，要求教育工作者将文化知识与实际生活联系在一起，为学习者提供一个真实的学习环境，使其将生活经验与课本知识结合在一起，从而提升教学效果。因此，生活化语境的创设尤为重要，在语境的创设过程中，教师可以借助语言、媒体、文本等各类资源加强语境的真实性，让课堂语境"活"起来。

1. 挖掘活动资源，语言带动语境

课堂教学中，教师应结合教学目标，从学生的生活实际出发，挖掘身边的活动素材，创设与学生实际生活相关的真实语境，结合课堂用语，引导学生在语境中开展语言活动，锻炼语言能力。

在本课教学开始前，教师了解到，学生已经参与过学校儿童节主题活动"画说红课，未来已来"，以本次活动为蓝本，结合学生喜爱的学校吉祥物丽丽，确定了单元主题 Lili's Children's Day，创设了生活化语境：丽丽很高兴能和大家一起欢度儿童节，他用手账的形式记录下了活动与感想，想和同学们一起分享自己的儿童节之旅。

师：In different countries, there are different Children's Days. They are all nice. Children around the world all have fun on that day. Look! This girl also has fun on Children's Day. Who's she?

生：Lili!

师：Yes! Today, we are going to learn about Lili's Children's Day. She likes her Children's Day. So she makes a journal about it. How is the journal?

生1：It's nice!

生2：It's interresting!

教师结合图片，用语言引导学生进入 Lili's Children's Day 的情境，这一语境是基于学生儿童节的真实体验与经历而创设的，能帮助学生更快地融入课堂情境，在生活情境中重温儿童节乐趣，激发学习兴趣。

而后，教师并没有直接开展教学，或是采用教师提问、学生应答的传统教学方式，而是引导学生自己观察封面，对感兴趣的内容自主提问。

师：Look! Lili also has fun on Children's Day. Do you have any questions for her?

生1：Lili, what do you do on Children's Day?

生2：Where do you go?

生3：How do you feel on that day, Lili?

通过教师的语言引导，不仅让学生有身临其境与主人公对话之感，同时也将课堂的主体还给了学生，让学生自主提问，带着求知欲了解故事背景，探索故事内容，激发学生学习内驱力。

2. 改编教学文本，渗透生活教育

为更好地应用生活化教育理念，教师不仅要掌握所授内容与现实生活之间的联系，还要围绕单元主题有的放矢地引用一些生活化教学内容，将单调的教材知识变得富有趣味性。在教学过程中，教师可对教材内容进行适当改编，将教学文本生活化，设计出符合学生实际的教学内容，以强化英语课堂教学成效。

在本课教学中，教材原文以 Rainbow Primary School 为背景，讲述了 Kitty 与小伙伴在儿童节发生的故事。原文中的儿童节场所与活动和学生现实生活中度过的儿童节联结性不够强，难以激发学生的真实情感，因此教师结合实际，对教材原文进行了二次改编（见表1）。

表1

教材原文	改编文本
Today is the first of June. It is Children's Day. Our classroom is beautiful today. In the morning, we have a class party at school. We sing and dance. In the afternoon, I go to the park with my parents. I like Children's Day.	Today is the first of June. 　It is Children's Day. In the morning, I go to the school library. I read the books. I enjoy the movies about Chinese heroes. In the afternoon, I go to the hall. I watch the short play. I sing and dance with Yuanyuan. After school, I go to a famous place. I see old photos. I learn the history of China. What a nice day!

教师了解到，儿童节上午，学生参观了以"红色连环画"为主题的系列图书展（library, read the books）；下午，学生们相聚在丽园小剧场（hall），共同观看了以"一本连环画的故事"为主线的红色穿越剧表演（watch the short play）；放学后，学生们实地寻访红色场馆（famous place），重温历史，感悟红色经典（see old photos）。

以这一学生的真实经历为素材，教师结合学情，在保留核心句型的情况下，增设了放学后的小队活动，将原文中场所 classroom、park 替换为真实场所 library、hall、famous place，在此基础上，还拓展了相应活动 read the books，watch the short play，see old photos，拓宽学生词汇量，将学生的生活实际融入教学文本，通过与现实的关联，既能加深对词句的理解，也能内化语言的应用，促进情感的体验，实现提质增效的教育目标。

3. 优化资源呈现方式，链接学生真实生活

小学英语教学需遵循学生的身心发展规律，小学生好奇心强，自控能力较差，对新奇的、熟悉的形象性事物有较强的兴趣。而在传统课堂中，教师使用的媒体资源往往难以根据学生的真实生活场景来选用，且呈现方式多为文字与图片，比较单调，使得语言的习得过程与真实生活存在割裂感。

随着科技发展，教学逐渐转向数字化，在课堂中，教师可以运用音频、音效、视频等多样的媒体资源创设多模态语篇，链接学生真实生活，加强语境的真实性，让语境生动起来。

在本课教学中，教师立足学生身心发展特点，将儿童节当天学生自己表演的节目、参与的活动制作成图片、音频、视频，丰富学生课堂体验，链接学生真实生活，使学生既融入教学语境，又以直观媒介促进学生对语言内容的理解。教师通过多种资源烘托教学语境，使情境的真实度有效提升，提高学生的参与度，充分激发学习兴趣，从而深化学生的情感体验。

在 in the library 的场景中，通过展示大量学校图书馆的图片素材，引发学生共鸣，同时也帮助学生联想红色读物和影片，辅助理解 heroes 的含义，以及所宣扬的英雄品质和爱国主义精神，丰富情感体验。

师：Look! We know, Nie Er（聂耳），Dong Cunrui（董存瑞）... They are all Chinese heroes. The heroes did so many great things for our country. Thanks to them, China is growing stronger and stronger. We are so proud of them.

在 in the hall 的场景中，以学生表演的节目《红船》为背景，将其改编为音频资源——主人公丽丽、圆圆的对话，再现儿童节演出盛况，调动学生生活记忆，为学生搭建平台，自主表达，丰富语言内容。

师：We know, Lili goes to the hall in the afternoon. Look! She meets Yuanyuan. What do they do there? Let's listen.

生1：They watch the short play. That is very meaningful!

生2：I played in that show! That boy is me!

师：Yes. They see a short play. And maybe they enjoy it very much.

在 at famous place 的场景中，则运用媒体视频支撑，以一段学生游览革命基地的视频回顾先辈

光荣事迹，帮助学生理解场所内涵，唤起学生对于英雄人物丰功伟绩的敬仰，进一步激发民族自豪感和爱国精神，促进情感体验，培养文化意识。

师：Lili goes to a famous place after school. She made a video about it. Would you like to enjoy the video?

生：Yes!

师：So what do you know about the place?

生1：It's big and nice.

生2：She can see many old photos. She can learn a lot there.

生3：I am so proud of our country!

多种资源的融合运用能帮助教师更好地创设真实语境，激发学生情感，带领学生开启基于主题的语言学习，在语境中让学生感受中国历史红色文化，重温儿童节丰富多样的活动，使英语教学更加真实、生动、开放和灵活。

（二）依托问题引导，关注学生主体，促进教学做合一

陶行知先生的教育理念"生活即教育"运用到实际的教学活动中就是"教学做合一"，在小学英语课堂中，教师应为学生创造实践语用的机会，引导学生将所学知识运用在实际情境中，凸显英语教学实践性的特点，鼓励学生利用所学知识进行表达，在实践中形成英语语感与表达能力，教学做合一，提升教学有效性。

本课教学中，学生需要形成语用：

Today is Children's Day. It's the first of June.

In the morning, I...

In the afternoon, I...

After school, ...

What a/an... day!

这一段语用内容较多，逻辑性较强，如果仅仅由教师进行讲解，不与学生产生沟通联系，不引导学生进行思考的话，学生难以进行完整表达，也不能从中提炼情感。因此，在本课教学中，教师将课堂主体还给学生，通过层层递进的系列问题引导学生自主思考，通过初读、再度、与精读，在听、看、读、说的过程中助推学生思维品质，逐步推进语用输出，形成逻辑表达，做到教学做合一。

在初读文本时，通过手帐视频的整体欣赏，教师抛出第一层问题：Where do they go? When do they go there? 用两个简单的有关"时间""地点"的问题，引导学生初步感知故事，检测学生对文章的初步理解，提升学生从听力中提取信息的学习能力，并初步搭建语言框架，感知语用，引导学生以时间顺序为切入点，有逻辑地简述儿童节。

In the morning, I go to...

In the afternoon, I go to...

After school, I go to...

这一环节以改编的教学文本与视频、自制的手账等资源，促进学生体验的同时，使学生通过视听、阅读等方式提取信息，达成"听"与"读"技能的训练，为后续逻辑性语用表达奠定基础。

在明确故事大意和结构后，从时间地点的整体感知转向逐图精读，教师提出第二层问题，What do they do there? 引导学生通过不同的"找关键词""听""读"等活动方式，多渠道提取有关活动的关键信息，在原本"时间"与"地点"的基础上，深入探索具体活动内容，并且，在每一个图片场景的精读后，设计小语段表达输出，引导学生在情境中思考 How do they feel? 通过 What a/an_____ morning/afternoon/place，将情感体验生成观点，在语言学习的过程中关注情感价值观的培育和学科育德的体现，进一步完善语言框架：

In the morning, I go to the school library. I...

In the afternoon, I go to the hall. I...

After school, I go to a famous place. I...

What a/an... morning/afternoon/place!

在总结环节，再一次整体感知文本，在巩固时间、地点、活动的基础上，提出第三层问题 Why do the go there and get the feelings? 引导学生从各个活动的感受，到提炼、概括一天的整体感受，从细节的体验中提炼整体的情感，通过 What a/an_____ day! 进行情感表达。让学生在说理的过程中，明白观点需与文本信息进行关联、要有所依据，从而提升表达的逻辑性。最终在语境中形成语用：

> Today is Children's Day. It's the first of June.
>
> In the morning, I go to... I ...
>
> In the afternoon, I...
>
> After school, ...
>
> What a/an... day!

本课教学中，教师一改教师输出、学生接受的传统教学模式，通过三层逐步推进的问题：Where do they go? When do they go there? 帮助学生先了解时间、地点等表层信息；What do they do there? How do they feel? 逐步深入，引导学生提取具体的活动与情感；Why do they go there and get the feelings? 通过一天的活动，自主总结情感，形成逻辑，并自主表达，通过问题引导，将学生作为课堂主体，在教学做合一的过程中，培养学生思维品质，提升学生语言能力，促进学生情感表达。

（三）作业设计多样化，丰富学生生活体验

作业是帮助学生巩固知识、形成能力、养成习惯的有效手段。一堂完整的课不仅包括课中学习，还涉及课后作业，在小学英语教学中，生活化教育理念应全面融入各个环节，将作业尽可能与学生的日常生活联系起来，可以是调查、观察、搜集、描写等活动，拉近英语课堂与实际生活的距离，同时增强学生应用英语语言的实践能力。

在本课教学的课后作业设计中，教师引导学生回顾自己的儿童节活动与感受，运用核心词句，自主编写儿童节故事，完成一份属于自己的儿童节手帐，在班级中进行交流与展示。

在作业中，教师给予学生语言框架，引导学生从 in the morning、in the afternoon、in the evening 三个时间维度回顾、表达、书写儿童节的活动，并结合自己独特的儿童节经历，画出相应的活动，引导学生在写、画、说的过程中，巩固语用，表达情感。借助手帐这一媒介，大大提高了学生的学习热情，同时也将在课堂中对儿童节的情绪体验延续到课后，将语言运用能力的提升融入生活化的作业中。

基于生活教育的作业设计，将枯燥的读写作业与学生的生活需求、实际爱好相结合，激发学生的学习内驱力，通过寻找资料、小组合作等方式主动开展活动并完成任务，将知识与能力相结合，使学生在思考作业问题的过程中形成良好的思维品质，提高英语教学的质量。

三、反思与启示

"以生活实践理论为基础，以学生为中心，让学生在生活化的课堂中学习知识、应用知识。"这是陶行知先生一直想要告诉我们的生活教育理论。在本课教学过程中，教师从学生体验出发，融合真实经历，创设生活语境，帮助小学生建立英语与生活的有效联系，在教学做合一的过程中，搭建语用平台，培育学科素养，张扬人文精神，提高学生在生活中运用英语知识的能力。

学生的生活是一个大宝藏，在日常教学中，教师要善于发现教学内容与现实生活之间的衔接点，积极挖掘教材中包含的生活素材，让教学和生活结合起来，从生活的角度来解读教材、制定内容、设计活动，培养学生热爱生活、感受生活的能力，使英语能够真正服务于日常生活，并且融入日常生活。

支架为擎，助力小学想象作文教学的进阶

张凌云

摘　要： 在小学作文教学中，想象作文是培养学生想象力和创新思维的重要途径。支架式教学作为一种有效的教学方法，可以帮助学生搭建起一座"桥梁"，将现有的能力和潜在的发展水平连接起来。在小学想象作文中搭建学习支架，符合新课标要求、小学语文的核心素养以及统编版想象作文版块的编写特点。通过梳理、分析和勾连各年段想象作文的能力特点，可以为学生搭设适合想象作文的"学习支架"，使学生写作知识、写作能力、发散思维与创新思维有序提升，循序渐进地经历语言积累和创新的实践过程，从而促进学生语文写作素养的整体提高。

关键词： 小学语文；想象作文教学；学习支架；进阶

支架式教学源于建构理论以及最近发展区的理论，聚焦学生的最近发展区，关注学生在学习过程中与原有知识经验的联结，进而搭建学习支架，疏通学习过程中的"障碍"，驱动学生从被动学习向主动学习转变。

想象力是创造性思维的基础，因此，想象作文作为小学作文的重要组成部分，对学生的发展具有极其重要的意义，缺乏想象力就无法实现创新。为了提高学生的想象写作能力，教师可以构建适宜的学习支架，促进他们作文水平的进一步提升。

一、小学想象作文"学习支架"的学理认识

小学想象作文"学习支架"是一种以想象为基础，以学习为目的的教学方式。它通过引导学生对某个主题或情境进行想象，启发学生思维，提高写作技能。想象作文的"学习支架"是一种具有重要理论和实践意义的教学方法，它不仅能够激发学生的写作灵感和创新思维，还可以帮助他们掌握写作技巧，提高综合素质。

1. 支架式教学与新课标要求相契合

《义务教育语文课程标准（2022年版）》明确提出要培养学生的联想和想象能力，以激发其创造潜能。此外，"文学阅读与创意表达"学习任务群的目标之一也是引导学生发挥联想与想象，感受文学作品建构的奇妙世界。由此可见，当前教育越来越重视学生的个性发展和潜能激发，并注重培养学生的创新思维和创造能力。

新课标强调对学生思维能力的训练和培养，注重过程指导以及自主合作探究学习模式的推广。与此相比，传统的想象作文教学往往只停留在对作文内容和要求的解读与分析以及例文示范后的学生独立写作。这种教学方式缺乏对思维的深入训练，一方面教师的教学指导不能帮助学生唤起已有的经验，另一方面会让学生缺乏将生活经验转化为写作内容的能力，导致在想象过程中思维固化，写出来的文章缺少个性化。支架式教学通过教师搭建适宜的支架，引导学生思考和写作，建立起学习者与写作之间的联系，培养学生自主学习与探究的能力，从而实现其思维水平上的提升。

2. 支架式教学与促进学生语文核心素养相契合

小学语文的核心素养涵盖文化自信、语言运用、思维能力和审美创造四个方面，这些方面相互关联，旨在全面提高学生的综合素质。支架式教学的核心在于引导性，将其应用于想象作文教学，可以激发学生的学习兴趣，提升知识水平并优化思维方法。

作者简介： 张凌云，上海民办彭浦实验小学科研室主任、一级教师。

　　具体而言，支架式教学通过逐步构建知识框架和思维模型，可以促进学生语言运用能力和思维方法的提升。在支架式教学的引导下，学生可以更好地理解作文题目的要求和意义，从而更好地发挥自己的想象力和创造力。

　　3. 支架式教学与统编版想象作文版块的编写特点相契合

　　统编版小学语文教材的想象作文版块编写与以往的沪教版小学语文教材有很大的变化。想象作文各学段内容循序渐进螺旋上升，这意味着教材根据学生的年龄和认知水平，按照不同的难度和深度，将想象作文的内容进行了合理的安排和分布。这样的设计有助于学生逐渐掌握想象作文的写作技巧和方法，提高写作水平。

　　此外，习作指导版块清晰明确，提供多样的操作性强的学习支架，这些支架包括清晰的写作步骤、具体的写作技巧指导、实用的写作策略等，不仅强化了过程指导，还隐含着具体学习方法的指导。

　　搭建支架在支架式教学中是尤为重要的一环。它能够为小学想象作文教学提供科学系统的方法指导，为教师提供具体可行的策略。教师采用多种方法明确学生的最近发展区，精准有效地把握学生已有的知识经验，确定想象作文教学重难点，锚定学生学习的困难点，为搭建科学有效的支架做好准备。

二、小学想象作文的教材解读与梯度建构

　　小学想象作文教学首先要明确新课标中各学段关于想象作文的目标，在此基础上教师才能够在习作中给予学生充分的指导，选取适宜的学习支架帮助学生，促进学生作文能力的提升。

　　1. 纵向梳理与分析各年段想象作文的编排特点

　　新课标结合小学生年龄特征和身心发展水平针对小学各学段想象作文提出了相应的教学要求：第一学段以写话为主，旨在激发学生对写作的兴趣，培养他们的主动性。学生在观察和想象的基础上进行遣词造句，为之后的想象习作做好准备。第二学段开始逐渐由看图写话向篇章过渡，文章的形式不做具体要求，但强调条理清晰的叙述，使内容更加完整。第三学段开始写简单的想象作文，不仅在内容上进行了细致的要求，还要求情感真实。

　　在小学阶段，学生的想象力正处在活跃和丰富的时期，因此进行想象作文教学以培养他们的想象力和创造表达能力变得至关重要。目前使用的统编小学语文教材与过去的沪教版小学语文教材相比，大幅增加了想象作文的数量，由原来的 9 篇增加到了 14 篇。此外，教材中还增加了童话类的习作篇目，甚至专门设置了"想象"习作单元（见表 1）。

表 1　统编版小学语文教材想象作文篇目梳理

学　段	年　级	主　题
第一学段	二年级上册	看图写话
	二年级下册	看图写话
第二学段	三年级上册	《我来编童话》《续写故事》
	三年级下册	《奇妙的想象》《这样的想象真有趣》
	四年级上册	《我和_____过一天》
	四年级下册	《我的奇思妙想》《故事新编》
第三学段	五年级上册	《二十年后的家乡》
	五年级下册	《神奇的探险之旅》

2. 横向勾连与分析各年段想象作文的能力训练点

新课标对于各个学段的学生在想象作文方面的要求进行了明确的规定。对于第一学段的学生，主要要求他们能够描述想象中的事物。对于第二学段的学生，要求他们能够自由地写下自己的想象，不受形式的限制。在三年级，教学的重点是激发学生的想象力和鼓励他们敢于表达自己的想法；四年级的学生则需要在保持趣味性的基础上，注重思路、内容和情节的构建并营造情境。而到了第三学段明确要求写简单的想象作文，对想象的方向和合理性有了具体的要求，因而，五年级的学生需要想象具有独特性与思考性。从这些要求可以看出，随着学生思维能力的增强，新课标循序渐进地训练学生写情节完整、想象奇幻的篇章（见表2）。

表2 统编版小学语文想象作文序列

篇 目	语文要素	习作要素	想象能力的目标定位
三年级上册第三单元《我来编童话》	感受童话丰富的想象；试着自己编童话，写童话。	写清人物、时间、地点、做什么、发生什么故事；试着自己编童话。	根据词语有目标地想象；自由想象，自由习作。
三年级上册第四单元《续写故事》	一边读一边预测，顺着故事情节去猜想；尝试编故事	看懂图，运用猜想尝试编写完整。	想象中的推测与猜想；想象来源于生活。
三年级下册第五单元《奇妙的想象》	走进想象的世界，感受想象的神奇；发挥想象写故事，创造自己的想象世界。	大胆想象创造出现实生活中不存在的事物和景象；在想象的世界里什么都可能发生；想象要有意思。	强调大胆想；想象要有意思；创造属于自己的想象；聚焦想象。
三年级下册第八单元《这样想象真有趣》	了解故事主要内容，复述故事；根据提示，展开想象；尝试编童话故事。	大胆想象，动物失去原有特征或完全相反；让想象充满趣味能够吸引人；用学过的修改符号修改自己的习作。	运用逆向思维进行想象；想象要大胆；想象的内容要能吸引人。
四年级上册第四单元《我和___过一天》	了解故事的起因、经过、结果，学习把握文章的主要内容；感受神话中神奇的想象和鲜明的人物形象；展开想象，写一个故事。	写清故事的起因、经过、结果；鲜明的人物形象。	想象中的合理性；逻辑思维。
四年级下册第二单元《我的奇思妙想》	阅读时能提出不懂的问题，并试着解决，展开奇思妙想，写一写自己想发明的东西。	展开奇思妙想；表达清楚明白。	想象要奇特，但要合理；培养学生的逻辑思维。
四年级下册第八单元《故事新编》	感受童话的奇妙，体会人物真善美的形象；按自己的想法新编故事。	多向思维；分析和交流意识。	想象要具有新颖；打破定式思维，培养创新思维。
五年级上册第四单元《二十年后的家乡》	结合责任，体会课文表达的思想感情；学习列提纲，分段叙述。	列提纲；分段叙述；重点突出。	时空穿越；时空思维或未来思维。
五年级下册第六单元《神奇的探险之旅》	了解人物的思维过程，加深对课文内容的理解；根据情境编故事，把事情发展变化的过程写具体。	写具体；变化发展的心理描写。	想象要丰富合理，惊险刺激；借助提供的元素，整合知识，运用科学思维。

因此，统编版小学语文教材在想象作文的编排方面，呈现出一种循序渐进的进阶式特点。这种编排方式准确地界定了想象作文与其他类型作文的界限，使编排更具层次性，指导更加细致。这些变化不仅凸显对学生想象能力培养的重视，而且形成了一个连续的阶梯，构建了完整的想象作文序列教学框架。

为了更好地开展教学，教师需要准确把握各学段的想象作文教学要求，对各学段想象作文的能力训练点进行勾连分析。在此基础上，为学生搭建必要、恰当的学习支架，引导学生完成由简单到复杂、由低级到高级的进阶式写作活动。通过这种方法，教师可以帮助学生克服写作难点，拾级而上。

三、基于"学习支架"的小学想象作文实施策略

与以往教学大纲相比，新课标的一个显著差异在于其对学生"想象力"和"个性"的突出强调。学生在想象作文写作时通常经历两个阶段。第一阶段是创造，即基于大脑中已存在的形象进行加工和改造；第二阶段是表达，即将所创造的新形象用语言文字的方式表达出来。

在想象作文的教学过程中，学习支架的搭建是一种整合和嵌入写作知识的显性学习支持系统，这些支架旨在在学生现有的能力和潜在的发展水平之间搭建起一座"桥梁"。学生可以利用这些支架进行写作，通过模仿、体验、实践和内化支架中隐含的写作策略，激发了他们想象、表达、创作的欲望，最终实现写作能力的实质性提升。基于想象作文以及小学生的年龄特点，本文将重点探讨以下四类常见的学习支架在想象作文教学中的运用。

1. 搭建情境支架，让思维具象化

情境是想象的土壤，它能够激发学生的思维，让我们在脑海中形成具体的画面。情境支架，就是为学生学习而创设的真实情境，它能够让学生获得真实的学习体验，习得在真实情境中解决问题的方法。

想象作文的情境支架，就是通过想象和联想，将生活情境与作文主题相链接，形成一种具有真实感和生动性的情境。这种情境支架的搭建，能够帮助学生更好地理解作文主题，激发他们的写作灵感，提高他们的写作水平。

例如，三年级下册《奇妙的想象》的习作，教学建议"在墙报上开辟一个专栏，如想象岛，展示大家的习作"，教师以"想象岛之旅"统帅整个习作单元的学习活动，创设"想象岛"的情境，带领学生一起畅想"想象岛"的神奇世界，提出"入岛须知"：为了顺利登上"想象岛"，需要寻找开启想象岛的"钥匙"，就藏在精读课文与习作例文中……把精读课文和习作例文的学习置于一个有趣的情境中，激发学生的写作期待，产生探究的兴趣和欲望。

搭建情境支架的目的不仅仅是让学生感受情境，更重要的是引导他们探究与思考。通过结合现实生活、运用多种手段、引导学生思考等方式，帮助学生更好地理解作文主题，激发他们的写作灵感。

2. 巧设图表支架，让思维结构化

图表支架，是指用图表或表格等直观的方式对信息进行描述，启发学生多向思维，拓展学生的写作思路，促进学生思维的提升。

学生在想象作文习作时如何构思一个有趣、合理的情节是一个难题，教师通过设计适宜的图表支架可以让学生更加清晰地了解写作的思路，也能够更好地组织语言进行表达。

例如，在五年级上册《二十年后的家乡》的教学中，教师需要引导学生通过梳理和想象来构建提纲，并依据提纲进行大胆的创作。为了确保学生能够将重点部分写得具体，教师可以设计具有挑战性的图表式学习任务单。在这个任务中，学生将扮演"二十年后的家乡"推荐活动的小记者，通过采访家人、老师、社区居民等，从未来的交通、通讯、学校、医院等方面搜集未来世界的资料，并进行合理的想象。最终，学生需要完成图表任务单，以展示他们的研究成果和创作成果。

通过这样的图表支架，学生可以更加清晰地了解写作的思路和重点，也能够更加有条理地组织语言和思路。同时，教师可以通过观察学生的填写情况和分析选择结果，了解学生在写作中存在的问题和困难，从而更好地指导学生进行写作。

除此之外，教师还可以根据不同的写作要求和主题，设计不同类型的图表支架，如流程图、思维导图、概念图等，以支持学生的不同写作需求和思维发展。

3. 借助问题支架，让思维发散

问题支架，是指通过教师设置一系列循序渐进、环环相扣的问题，引导学生积极思考，在问题

的探讨与解决过程中，激发学生的创造力和创新思维。

想象作文，是一种需要学生充分发挥想象力的写作形式。在写作过程中，学生需要运用自己的想象力，创造出独特的情节、人物和环境。面对部分学生在写作时无从下手的困境，想象作文的问题支架可以启发学生围绕一个主题，从不同的角度进行思考分析、自由联想、展开讨论，拓宽思维视野，激发新的灵感。

例如，四年级上册《我和___过一天》，教师可以运用曼陀罗思考法，绘制九宫问题图，启发学生多角度提问。教室可以引导学生在读过的书籍中选择自己最熟悉的童话或神话人物，展开层层追问：想象和童话或神话中的人物过一天，会写谁？这个人物有什么本领？你们会去哪？会遇到谁？发生什么故事？……从不同的角度，通过一系列问题的引导，明确所选人物最显著的性格特征，他最大的本领，以及最能体现他性格或本领的一件事。有序的问题支架的搭设，让学生代入故事现场，梳理出故事原型，深入想象人物的活动过程和内心活动，亲身参与写作。

在探索与解决问题的过程中，学生自主探究、分析问题并寻找答案。不同角度、不同层次的问题的引导，延展学生的发散性思维；通过想象、表达与创造，学生将问题的答案以独特的方式表达出来，无论是文字、图像还是图表，都是他们思维的具象化，是创造性思维火花的迸发。

4. 通过范文支架，让思维条理化

范例支架，是指符合习作目标要求、适合学生习作需求、具有一定代表性的习作示例。在想象作文教学中，教师通过范文支架向学生展示优秀的作品，可以帮助学生更好地理解作文的要求和结构，明确写作方向和思路，帮助学生掌握写作技巧和方法，从而有条理地组织自己的思维和表达。

例如，五年级下册的《神奇的探险之旅》，学生们可以借鉴《跳水》一文中船长命令孩子跳水的片段，学习课文中通过刻画人物语言、神态、动作，进而凸显主人公心情的连续变化过程。在《跳水》中，孩子的心情经历了由开心到无奈，再到恼怒和愤怒的变化，这种心情随故事情节发展而变化的方法值得借鉴。

同时，当学生需要写曲折的求生情节来突出探险的"险"时，也可以借鉴《跳水》中危急时刻船长急中生智让孩子跳海这种"另辟蹊径"的思维方式。这种思维方式可以激发想象力和拓展思维，从而外化为饱满的写作内容。通过学习和借鉴这些优秀作品，学生们可以提高写作技巧和表达能力，更好地展现他们的创意和想象力。

此外，为了帮助学生更好地锻炼语言表达能力，教师可以举例展示与想象作文主题相关的经典开头、结尾等，将这些内容与学生日常课内外阅读、摘抄所积累的精彩语段相联系，唤醒学生的知识储备，并引导他们将所学的修辞手法、描写方法等应用于自己的作文中，逐步扩写片段作文，最终形成完整的作文。

通过范文支架，学生可以从中借鉴并学习如何构思新颖别致的开头与结尾、文章结构的设计以及如何选择合适的词汇与语法，进而提升写作技巧和表达能力。同时，学生还可以通过学习这些优秀作品，体会其独特的创新思维与表达方式，进而更充分地激发自身的创意与想象力。

支架是经验转换为文字的枢纽，想象作文的"学习支架"的构建指向的是学生写作知识、写作能力、发散思维与创新思维的进阶式提升，学生的写作水平在分阶段作文训练中拾级而上，循序渐进地经历语言积累和创新的实践过程，进而促进学生语文写作素养的整体提高。

核心素养导向的初中数学复习课设计探讨

——以"整式的乘法"为例

杨春林

摘　要： 核心素养指学生应具备的适应终身发展和社会发展需要的必备品格和关键能力，更加注重学生的自主发展、合作参与、创新实践。文章以核心素养为导向，以"整式的乘法"的复习为例，探讨如何在复习课中实施学科育人的途径和方法。

关键词： 核心素养；初中数学；复习课设计；学科育人

随着我国教育改革的不断深入，培养学生的核心素养已成为教育工作者的重要任务。复习课是对某一阶段所学知识进行归纳整理，使之条理化、系统化，并通过查漏补缺，进一步巩固深化基础知识，提高学生的技能，发展学生解决实际问题能力的一种数学课型。复习课在教学中有不小的比例，而复习课无教材无具体的教学目标，给教师的教学带来不小的困难，但也让老师有了个性发展的舞台，也提供了核心素养培养的沃土。对于复习课，我们应当有明确的定位，它不仅仅是典型题目的简单堆砌。在传统的复习课中，学生自始至终处于"记、背、练"的被动学习状态，"炒冷饭"或者"旧歌新唱"的现象大量存在。改变这样的问题需要教师在教学设计时就有一定的价值判断、教学立意。结合笔者最近开展的一节《整式的乘法》实践课，现与同人交流，以期得到更多、更好复习课的教学成果。

一、核心素养下复习课的设计意义

《9.7—9.10整式乘法复习课》是沪教版七年级第一学期第九章的内容，作为幂的运算的直接应用，教科书在9.10安排了整式的乘法。"整式的乘法"是初中代数重要的内容之一，它属于《义务教育数学课程标准（2011年版）》中的"数与代数"领域的核心知识，而初中代数的一条主线是：由数到式，再到方程、函数，其中，式具有承上启下的作用，式的教学又以整式为主。

对于整式乘法中所包含的单项式与单项式、单项式与多项式以及多项式与多项式三种类型产生的必要性、合理性以及系统性，学生的认识是不全面、不深入的。因此，在复习课中引导学生回忆幂的运算，重现三种运算的过程就显得尤为必要。在复习课上梳理各类相关知识发生、发展过程的脉络，强化学生对整式乘法的深度理解，有利于促进不同层次、不同基础的学生拓宽知识广度、发展数学能力、提升核心素养。基于以上分析，制定了本节课的教学目标：1.掌握幂的运算和整式乘法运算法则并正确选用合适的法则进行计算；2.经历幂的运算性质和整式乘法运算法则的复习过程，体会整体思想、数形结合及化归思想，培养良好的学习习惯；3.通过观察、讨论，形成知识结构框架。

二、设计意义下整式的乘法复习课的构架

（一）了解生情　收集数据

我们将班级中的同学均衡分为8个小组，每组4人，在课前完成下面的任务：（1）《9.7—9.10整式乘法复习课》中我们学习了哪些知识？这些知识有什么关联？请绘制一份思维导图呈现以上内容；（2）运用① x、y，② $\frac{1}{3}$、$\frac{1}{2}$、1、2、3，③ +、-、× 元素，找出一个平时较为常见的单项式和多项式，且满足以下条件：i 单项式不超过三次；ii 多项式：不超过二次，不超过三项。要求每个小

作者简介： 杨春林，上海师范大学附属第五嘉定实验学校一级教师。

组推荐至少一份具有代表性的作业上交。

课前老师将每组上交的作业汇总，对于优秀思维导图，请设计者分享设计意图，最后老师呈现一份自己整理的框架图。设计思维导图的过程，即是了解生情的过程。如果框架不合理或逻辑链条不成立，则说明该生对于本章的知识点掌握得不牢固，至少可以说明该生所学知识比较零散、系统性不够强。相反，则说明该生能将本章知识与之前所学知识联系起来，融会贯通。在小组活动中，要调动每一名学生的积极性。在优秀思维导图展示交流中，要鼓励学生用自己的语言表达，这样同伴会更易理解。而通过构造单项式、多项式，发挥学生的主观能动性，积极地思考构造式子。在此过程中提高观察、思考、合作能力。

（二）分析数据　解决问题

请任选单项式或者多项式（共两个），自选单项式 × 单项式、单项式 × 多项式、多项式 × 多项式的一种结构，为下一个小组编题并负责批改。形式是小组号 + 题目，如⑦$\frac{1}{2}x^2y \cdot (-2xy^2)$。题目自编的过程，则是对解题方法的提炼。小组合作设计问题，在设计中培养思辨能力，激发学习兴趣，同时明确三种结构的运算法则。通过黑板书写题目、投影、批改反馈情况，实现小组内的分工与合作，培养团队意识。

解方程 $3y\left(y^2-\frac{1}{2}\right)=3y^3+2$，让学生思考若将所有"＝"变为"＞"号，结果正确吗？通过代数式的简单变形，使同学意识到知识间的联系。本题作为整式的乘法在方程和不等式中的典型应用，要注意书写格式。学生对六年级的内容有所遗忘，尤其是算理，需要复习巩固，特别是运用不等式性质3，不等号方向要改变，且在哪一步骤改变，需要学生理解到位。另外，对于步骤名称，如"系数化为1"在学习整式概念后学生也更易理解，体会"温故而知新"。

$3x+2$ 与 $2x-m$ 的乘积中不含 x 项，求 m 的值。其意图是，渗透方程数学思想，在熟练掌握基本运算法则的前提下，对问题本质的理解，找到最优的方法解决问题。不含 x 项说明 x 项的系数为零，因为只跟 x 项有关，所以只需考虑哪些项相乘的结果是与 x 项有关，再将 x 项的系数相加为零，即快速求得结果，使计算变得简单。

接着是达标练习：

（1）（20分）下列运算中，正确的是（　　　　）。

（A）$\left(-\frac{1}{3}a^2\right)^3=-\frac{1}{9}a^5$；　　　　　　　　（B）$a^2+a^2=2a^4$；

（C）$a^2 \cdot a^3=a^5$；　　　　　　　　　　　（D）$(-2a)^3=-6a^3$

（2）（30分）计算：$(x^2-3)(x^2+5)=$

（3）（50分）计算：$(-2ab)^2 \cdot \left(\frac{3}{4}ab^2-3ab+\frac{2}{5}a\right)$。

出示一组练习题进行及时巩固，是为了检验学习效果，练习（1）的设计是为了区分幂的三种运算，防止混淆性错误；练习（2）是为了强调运算过程关注符号且结果要化简；练习（3）属于混合运算，旨在让学生注意运算顺序，先乘方再乘法，从而得到最后结果。

最后进行课堂小结：问学生，今天的学习，你有什么收获呢？这样可以多角度、多层次地考查学生的学习情况，使学生加深对本节课内容的认识，体会整体思想、化归是数学学习的重要的思想方法。

三、核心素养下复习课的实践思考

教学的目的不是为了题海战术、提高分数，而是把题目、知识作为训练思维的载体，在放飞思维的过程中，让不同层次学生的数学能力、数学思维、数学素养均得到发展，从而悄悄然地进行学科育人，让学生得到一次又一次的提升。上述教学活动设计对复习课的教学至少有四点启示：

（一）重教授，更重生长

"授人以鱼不如授人以渔"，与其让学生痛苦地在复习课上练题对答案，不如让学生归纳反思。数学课堂教学的核心任务是提升学生的思维能力和创造能力，让数学学习助力学生成长。本节课注重知识梳理以及反思对比，引导学生以命题人的思维在观察中自主探究整式乘法的数学本质，学生学会了研究这一问题的常用方法和常规路径。与此同时，通过知识的类比和能力的迁移，学会总结其他专题的学习路径。

例如，设计几个整式，然后组织学生以小组为单位设计单项式的乘法、单项式与多项式的乘法，多项式与多项式的乘法，然后立足课堂即时生成的真实学习资源，将其作为课堂教学的资源。组织学生小组讨论、展示，体现在学中教、因势利导的教学理念。在本节课中，学生参与面广，思维活跃，表现力强。作为一所新学校，我校推行课堂教学改革，"让学生成为课堂的主体"的理念培养了孩子的自信力、表达力。

（二）重内容，更重结构

复习课不仅仅要关注复习什么，更要关注怎么复习。众所周知，单个知识点是零散的、孤立的，但数学知识又是联系的、发展的。这一个个的知识点就犹如一粒粒的珍珠，教师要教会学生把这一粒粒的"珍珠"串成链，帮助学生从整体出发进行知识的建构。例如，本节课思维导图的绘制、分享和教师的总结，表面上是梳理了知识间的关系并从中发现"整式乘法有赖于单项式之间的乘法，而单项式的乘法有赖于幂的基本运算"，实质上是培养了学生的结构化思维和迁移能力。正因为这些知识间的密切联系，才体现出单元整体教学的意识。

（三）重操作，更重思维

学习没有捷径，但是学习有方法。数学复习课的设计在宏观上应该着眼"聚合"，在微观上应该体现"发散"。数学学习需要摒弃题海战术，但需要适当的训练，即提倡精讲精练，也就是体现教育的唤醒价值。

例如：问题一自编题目的设置给了学生更广阔的思考空间和表现舞台，引导学生对已有经验的总结和分享，让知识在联系中生长。问题二是在问题一的基础上即时生成的，激发学生学习的兴趣，从而归纳总结。而问题二的变式训练和问题三解题方法的多样性强调了解题的思路和方法，提升了学生的综合能力和思维品质。这样的课堂是有生命力的，学生是思考的、思维是灵动的，培育的学生是全面发展的。

（四）重知识，更重育人

教育的根本任务是立德树人，而育人的前提是尊重每个生命个体。《义务教育数学课程标准（2011年版）》中课程基本理念为数学课程应致力于实现义务教育阶段的培养目标，要面向全体学生，适应学生个性发展的需要，使得：人人都能获得良好的数学教育，不同的人在数学上得到不同的发展。[1]在本节复习课上，考虑学生的层次性是前提，为了使不同层次的学生在本节课均有所提升，小组学习成为课堂教学的主旋律。在课堂提问中，由传统性的提问到人改为提问到小组，让后进生在集体讨论、个体反思中酝酿、理解新知。等学生都理解、掌握后，再让学生进行达标测试，感受成功的喜悦。实践证明，这个小小的改变，尤其是后进生的学习情感有很大的改变。而小组学习、讨论、展示的过程，培养了学生的合作意识、集体荣誉感，也调动了不同层次学生的积极性，从而提升数学素养，实现学科育人。

参考文献

［1］中华人民共和国教育部，义务教育数学课程标准（2011年版）［S］，北京：北京师范大学出版社，2012.

‖ 职业教育 ‖

浅谈技工学校的高质量发展

张后务

摘　要：文章从完善制度建设、创建高效教师团队、科学专业建设、严格教学管理、丰富学生社团、博识家长课堂等六个方面进行研究，阐述提升新时代技工学校高质量发展建设的正确理念和有效举措。

关键词：技工学校；高质量发展；举措

为进一步做好新形势下的技工教育，应如何提升新时代技工学校高质量发展是我们需要重视的问题，要培养工匠精神，提升技工教育软实力。新职业教育法第四条规定"实施职业教育应当弘扬社会主义核心价值观，对受教育者进行思想政治教育和职业道德教育，培养务实精神、工匠精神、红船精神和劳模精神，传授科学文化与专业知识，培养技术技能，进行职业指导，全面提高受教育者的素质"，明确了工匠精神是职业教育的核心和灵魂。

俗话说"积财千万，不如一技在身"，但这个一技之长并非普通意义上的技能，只有专精兼备才能称得上"长"。因此，技工教育应在思想政治教育和职业道德教育中把工匠精神作为高素质技能人才应有的灵魂内核。具体可以从以下几个方面着手：一是技工学校要把工匠精神作为校园文化建设的底色；二是要把产业、行业、企业、职业的相关要求融入人才培养过程，使学生具备大国工匠应有的基本素质；三是通过建设技能大师工作室、实行"师徒结对"、举办职业技能（才艺）大赛等方式，不断强化一技之长，提升学生的动手能力和技术水平。

技工学校就生源来讲，招收的基本都是在初三成绩属于中下游或被分流下来的学生，学生学习成绩一般，部分学生存在厌学现象，没有形成良好的学习习惯；有的学生热衷于上网、玩手机，甚至有吸烟、喝酒、打架斗殴等违反校规校纪的行为。面对文化基础薄弱、接受能力一般、还未完全养成良好学习习惯及行为习惯的学生，如何提升他们的思想道德素养，培养良好的学习习惯，进而提高教育教学质量，是摆在广大技工教育工作者面前的重要课题，有待于广大技工教育工作者探索。

作为技工学校的一名高层管理者，笔者认为：在分析学生厌学的原因，提出解决学生"厌学症"的良好对策，提高他们主动学习的积极性的基础上，从学校层面统一思想并采取切实可行的措施，是解决教学质量问题的关键。学校从书记、校长做起，全校同心协力，制定先进、合理的绩效考核方案，鼓励广大教职工积极参与到提高教育教学质量的行动中来，更新教学设备与实训条件，改进教学手段和教学方法，让一线教师积极进行教学研究与教学改革，最大限度地提高教学质量，提升技校高质量发展。

一、完善学校管理制度，提高教学质量保障

学校以制度管理、用制度约束人，是现代管理的要求。[1]科学的管理制度，是有效、合理、适合学校发展的，不仅能规范教职工的行为，而且能够提升教职工的工作效率和质量，形成融洽、竞争、有序的工作环境和良好的校园文化。

有一位好领导才会有一所好学校，一位好领导是学校制度建设的行政保障。作为一名合格的好校长，德、能、勤、绩、廉要符合要求，还要有先进科学的办学指导思想、卓有成效的办学实践、高尚的人格魅力，能够打造一个团结向上、锐意进取、勤政廉洁、务实创新的团队，科学地制定完

作者简介：张后务，浙江省宁波凌恒航空技工学校党支部书记、浙江厚务教育集团有限公司董事长。

善的制度、不折不扣地执行制度，认真履行职责，严明工作纪律，干好本职工作，管好团队建设，做好垂范作用。

二、加强教师队伍建设，提高教学质量保证

（一）师德建设是提高教学质量的前提

加强教师队伍建设。培养高技能人才需要更多大国工匠对学生进行言传身教。新职业教育法对职业学校专兼职教师的聘任，有了突破性的利好政策规定，职业学校要抢占人才高地，引进吸纳更多宝贵的教师资源，为办好技工教育储备人才。俗话说：教学是个良心活儿。这句话一针见血地道出了师德的重要性。

作为一名教师，首先要不断充实完善自身，自觉增强立德树人、教书育人的荣誉感和责任感，爱岗、敬业、乐业、勤业、精业，树立热爱教育事业的理想信念并愿为之奉献，业精为师，身正为范，努力当好学生健康成长的指导者和引路人。师德高尚的老师会用自己的言行影响学生，潜移默化地感染学生，在传授知识的过程中，教会学生如何做人；师德高尚的老师，会时时处处默默耕耘，无私奉献，像蜡烛一样，燃烧自己，照亮别人。所以才有了"最美教师"熊有伦，用生命在学生面前诠释了"真、善、美"，教育学生为大国重器奋勇争先，为中华崛起砥砺前行。

（二）精研业务是提高教学质量的关键

一是加强学习。让学习成为教师的习惯，成为学校的制度。在现今知识经济时代，终身学习已经成为我们生活和工作的重要内容。学校要制定严格的学习制度，引导教师加强学习、及时"充电"。不仅要学习党和政府的一系列方针、政策，学习教育教学理论，而且要学习专业知识，学习教学方法，掌握先进的教学手段。实习指导教师还要苦练实习操作技能，深入企业、工厂、矿山等，感受企业现代化的生产环境与先进的企业文化，产教融合、校企融合。

二是提升教研教改能力。加强教学研究，因材施教，因人施教，有的放矢。教学质量是学校工作的生命线，只有打造出好的教学平台，学校发展才有出路。建立"软"体系，通过思政、国学、心理学等人生架构课程以及对出现问题的及时解决，保证学生思想健康稳定，形成有正能量的三观体系。打下"硬"基础，针对学生的现有基础，按照教学计划，书写教案，根据学生动态随时调整教学方法，做到教一点会一点，会一点用一点，学以致用，强化分层次教学，多元化教学，让不同层次的学生得到全面不同的提升。

三、加强专业建设突破，提高教学质量平台

目前，技工学校的专业及工作种类繁多，包括航空服务、无人机应用技术、模具制造、工业设计、数控加工、工业机器人应用与维护、机电一体化、电子商务、城市轨道交通、健康服务与管理等。学校应针对当前社会需求优先发展一些专业，作为学校专业建设工作的突破口，采取"请进来，走出去"的模式创立和建设优势专业，并通过优势专业带动相关专业的建设与发展。

学校应坚持"硬件改善，软件跟进"的原则。有特色专业建设点专业的学校，一般应具有较为优良的办学条件，有相当的师资力量与之相配套，教学管理水平也较高。在特色专业建设过程中，一方面要增加投入，进一步改善教学及实习实训等方面的硬件设备设施，建设一支与专业特色相适应的专业化教师队伍和管理团队。另一方面，学校要在教育教学理念更新、人才培训模式改革、教学管理制度创新等软环境建设上投入更多的精力，全方位地搞好专业建设，用好技能大赛的平台，技工学校要建设好自己的实训基地，发挥好技能大赛的引领作用，激励学生练兵强技，勇于拼搏，勇创佳绩。

四、强化常规教学管理，向课堂 45 分钟要效率

进一步优化课程体系，抓好常规教学，认真落实备、教、改、辅、考、评等六个环节，特别要注重平时的督导检查、评比、总结。认真设计教案，教案是教师上课的直接载体，一份合格的教案包括教学内容、教学目标、教学过程、教学反思等基本内容。要从学生实际水平和心理特点出发，

结合学生已有的生活经验备好课，研读教材的每句每字，备细教材，备好课。把握好课本的重点和难点，可适当拓展，不局限于课本。

对于教授的知识，可利用问题情景的方法导入新课，增加课堂乐趣，提倡"三有三声"的课堂形态，"三有"即有序、有趣、有效；"三声"即笑声、掌声、辩论声。"三有三声"不是一种模式，而是一种形态，是老师们可以努力的方向。只有课堂有序，才能保证教学有效，而有趣到让课堂能激发学生的学习兴趣。笑声体现课堂的趣味性，掌声体现学生之间的互相欣赏和支持，而辩论声背后所蕴含的对学生思辨精神的培养更是价值无限。督促学生及时巩固学习知识，要合理化、细化作业安排，及时、认真批阅作业。课后要善于总结，回顾不足，修正教学方法以提升教学水平，构建有效课堂，向课堂45分钟要效率，使之成为提高教学质量的可靠保障。

五、坚持党的全面领导，提高依法治校能力

坚持党对学校工作的全面领导，深入推进全面依法治校是新时代技校发展的重要保障，是提升办学水平、落实育人任务的根本前提。加强党对技校教育工作的全面领导是新时代坚持党的领导的重要内容，是办好教育的根本保证。[2]建立技校党组织领导的校长负责制，要把政治标准和政治要求贯穿办学治校、教书育人的全过程，坚持为党育人、为国育才，保证党的教育方针和党中央决策部署及上级党委的会议精神在技校得到贯彻落实。

结合技校工作实际，号召全体党员教师认真学习党的二十大精神，以习近平新时代中国特色社会主义思想为指导，坚定指导思想、坚持办学方向、坚持党管干部和人才、坚持从严治党、坚持依法治校、领导群团组织等方面的重要作用，真正发挥党在技校日常工作中的模范带头作用。

六、狠抓家校共育，提升高质量发展

新时代新发展，新技校新教育。要提高学生的成绩，使其全面发展，调动家长的积极性是关键。学校都要定期召开家长会，开设不同形式的家长课堂，有效发挥家长学校的作用。让家长深入了解学校、年级、班级的教学工作安排，子女在学校的生活情况和学习状况。对家长提出一些具体的要求，教给他们一些行之有效的教育方法和与学生沟通的技巧，做到尊重与监管相结合，力求家校共育。

教学质量是学校的生命线，也是教师的生命线，是学校赖以生存的基础，是衡量学校办学成败优劣的标尺。提升技工学校高质量发展建设，从学校层面上讲，要完善学校制度建设，高效打造教师队伍，科学创立专业建设，严格教学管理体系，博识家长学校课堂，这些都是提升技工学校教育教学高质量发展建设的关键和保证。

参考文献

[1] 冯小劳.强化教学研究，提升教学质量——谈中职学校教学研究室的职能 [J].教师，2009（14）.
[2] 王晶.有关提高技校课堂教学质量的思考 [J].科技信息，2011（5）.

高质量教育背景下中职课堂生态失衡审视与重构

周 兵

摘 要：高质量教育的追求是我们不懈的目标，而中职教育作为培养现代社会所需高素质劳动者的关键阶段，其课堂生态的平衡与发展显得尤为重要。教育政策应当更加关注中职教育的特点，鼓励创新和多元发展；教师的角色需要进一步演进，从知识传授者转变为引导者和合作者，以满足学生个性化发展的需求；学生态度与能力的培养应当强调实际应用能力、创新思维和自主学习，以适应快速变化的职业环境；系统支持方面则需要加强资源配置、师资培训、教育管理和政策制定，为中职课堂生态的均衡发展提供有力支持。

关键词：高质量教育；中职课堂；生态失衡；课堂生态重构

随着社会进步和教育改革的不断深化，人们对教育的质量和效益提出了更高的要求。特别是在当前的教育环境下，"高质量"已经成为衡量教育质量的重要标准。然而，面对这样的变化，我们不能忽视另一个现象，那就是在高质量教育背景下，中职课堂生态出现了明显的失衡。比如教师对学生的教育方法过于刻板，缺乏个性化的教学策略，课堂活动过于单一，无法调动学生的积极性，学生的学习兴趣被忽视等。这种失衡不仅影响了教育质量，也对教育的公平和效益产生了深远影响。有鉴于此，对中职课堂生态进行审视和重构势在必行，而重构的关键在于打破传统的教学模式，让教师和学生能够在课堂上建立平等、和谐的关系，提高课堂教学的互动性和学生的参与度，激发学生的学习兴趣，提高他们的学习效率。只有这样，我们才能真正实现高质量教育的目标，使教育真正为社会的发展做出贡献。

一、课堂生态的内涵解读

课堂生态是一个多层次、多维度的概念，涵盖了课堂教学的所有方面。中职课堂生态系统是课堂要素之间的协同共生共享的关系，主要表现为互动关系的平衡、教学内容与目标的协调、评估与反馈的循环以及资源与支持的均衡。

1. 互动关系的平衡

课堂生态并不仅仅是一种空洞的概念，而是依赖于一个生动、有机的课堂环境，强调了教师与学生、学生与学生之间的互动和关系。在这个生态系统中，每一个元素的作用都是至关重要的。一个高效的教师能够灵活运用各种教学策略，应对不同学生的学习需求，实现个性化教学，从而保持课堂生态的稳定与和谐；每个学生都有自己独特的学习方式和节奏，教师应理解并尊重这些差异，引导学生发掘和利用自己的学习潜能，使他们在课堂生态中找到自己的位置。合作可以促进学生的团队精神和集体责任感，竞争可以激励学生的学习动力和进取心，适度的竞争和合作能保持课堂生态的活力。一个健康的课堂生态鼓励开放、平等和尊重的互动，以促进共同学习和成长

2. 教学内容与目标的协调

教学内容是课堂生态的基础，决定了课堂活动的主题和方向。教学内容的设计，应以学生的需求和兴趣为出发点，并兼顾社会期望和未来职业要求，这意味着教师应深入了解学生的需求，明确学生的兴趣所在，同时关注社会动态和行业发展，将这些要素融入教学内容的设计中。教学目标是教学活动的指南。教学目标的设定，既要有挑战性，激发学生的学习动力和求知欲，也要切合实际，

作者简介：周兵，江苏省高邮市高邮中等专业学校高级讲师。

以确保学生能在学习过程中逐步实现目标，获得成就感；更重要的是，教学目标应体现全面发展的理念，不仅要注重学生知识技能提升，更要关注学生素质教育和个性发展。因此，教师应综合学生的实际状况、发展潜力以及社会与行业需求，科学地制定和调整教学目标，确保教学内容与教学目标的一致，以促进学生学习效率的提升。

3. 评估与反馈的循环

有效的评估和反馈机制构成了课堂生态的闭环。评估是衡量学习进展的重要手段，它不仅包括对学生学习成果的正式评估，也包括对学生学习过程的持续观察和记录；同时它也是多元的，包括考试评分、课堂表现、实践操作等多种形式，借以全面准确地了解学生的学习状态。反馈是评估的延伸和补充，它包括教师对学生学习进展的即时反馈、同学之间的互相评价，甚至还包括家长对子女学习情况的反馈，好的反馈不仅告诉学生哪里出了问题，更能指出解决问题的路径。评估和反馈之于教师同样重要，教师可以通过对学生的评估了解自己的教学效果，通过学生和家长的反馈了解自己的教学策略是否得当，这种反馈能帮助教师及时调整教学策略，更好地满足学生的学习需求。

4. 资源与支持的均衡

课堂生态需要考虑教学资源和支持服务的分配问题。资源的分配应适应学生的学习需求，教材和教具的选择应满足学生的个体差异，如有的学生更喜欢图文并茂的教材，有的学生更偏好实验操作，有的学生更适应线上学习。资源的分配应契合教师的教学需求，丰富课堂教学，激发学生的学习兴趣，提高教学效果都离不开教学资源的支撑，如多媒体设备、教学模型、实验设备等。资源的分配应考虑社会和教育政策的需求，如学校应当提供公平的教育机会，教师应当公平对待每一个学生，课堂应当提供公正的教育环境，所有学生都应享有平等的访问权和机会，以确保每个人都能在支持和鼓励的环境中充分发展。

二、中职课堂生态失衡现状表征

1. 教学方法和教育观念的失衡

传统的教育观念和教学方法往往以知识的输入为主，忽视了学生的全面发展和实际能力的培养，这种教育方式不仅缩小了教育的视野，也制约了学生的成长空间。中职教育的目标应该是为社会培养具有专业技能和良好素质的人才，但是在当前旧有教育观念的束缚以及教育方法的单一化背景下，中职教育的培养目标并未得到很好的实现，由此导致的结果就是中职教育课堂生态的失衡，即教育内容与社会需求、学生发展的需求之间的失衡。

2. 专业素质和资源配置的失衡

教师是教育的重要推动力，对学生的学业发展和素质提升起着至关重要的作用，专业素质不硬导致中职教师不能有效引导和激励学生学习，无法提供高质量的教学。资源配置不均衡主要表现为某些学科或领域的教师过多，而其他领域的教师过少；高水平信息化教学工具的缺乏、教材的陈旧以及试验设备不完善等；这些不均衡必然会导致一部分学生因无法得到适合自己的教育资源和服务，从而阻碍了其全面发展。在一个健康的课堂生态中，教师、学生、环境之间应该是相互尊重、相互影响的。但是，如果教师的专业素质不高，或者教学资源配置不均匀，都可能破坏这种平衡，使课堂生态变得不再健康。

3. 学生评价和发展机制的失衡

传统的教育评价体系依赖于考试成绩，该评价方式忽视了学生的综合素质和个人发展，学生的学习不再是为了知识探索和自我提升，而成为了追求分数的竞赛。在这样的教育环境下，学生可能会失去学习的热情和兴趣，导致其发展受限。单一的评价方式并没有充分考虑学生的个性化需求和全力发展的目标，每个学生都有自己独特的才华和兴趣，需要有个性化的发展路径；学生的发展不仅需要知识和技能的积累，更需要全面的素质培养，包括思维能力、创新精神、人文素养等。然而，过度重视考试成绩的评价方式可能会使得这些个性化的需求被忽视，学生的个性发展和创新精神受到抑制。

4. 社会期望与实际教育需求的失衡

时至今日，社会上还有许多人认为职业教育最主要的任务就是学习某种技能，这种只关注技能，而忽视了更广泛的教育目标，如培养学生的创新思维、自我学习能力等的观念导致了社会对职业教育的需求和实际教育的目标之间的脱节。同样，家长可能过分强调学业成绩和升学率，而忽视了其他同等重要的因素，如学生的兴趣、潜力和个性发展。这种过度追求表面成功的心态会导致子女承受过大的压力，进而丧失学习动机和学习兴趣。这种脱节反映在教育实践中，造成了中职教育与社会、家庭期望之间的矛盾。

三、中职课堂生态失衡的原因分析

1. 教育政策方面

一是中职教育政策的滞后性影响了课堂生态平衡。随着社会经济的快速变革，技术和职业领域的发展不断催生新的知识和技能需求，部分中职教育政策在制定过程中未能及时捕捉到这些变化，导致教育内容和方式无法适应当下和未来的实际需要，这使得学生在校期间可能接受到已经过时的知识和技能培训，难以顺利融入快速变化的职场。二是政策制定和执行缺乏灵活性和针对性影响了课堂生态平衡。中职学校的学生群体多样，他们拥有不同的兴趣、优势和发展方向，一些政策未能充分考虑到学生个体的差异，而是过于一刀切地规定课程设置和教学模式，无法满足学生多样化的学习需求；此外，政策执行时的刚性和繁琐程序也使得学校和教师难以灵活地根据实际情况进行调整和创新。三是政策宣传和执行的不足影响中职课堂生态平衡。政策的宣传力度不够，可能使得学生、家长和教师对政策的理解和认知存在偏差，甚至不了解政策的存在；同时，政策的执行力度不够，导致一些政策无法真正落地，或者在执行过程中出现偏差，影响了政策的实际效果，这可能导致中职学校的教育实践与政策初衷偏离，进一步加剧了课堂生态的不平衡状态。

2. 教师角色方面

一是传统教师角色与现代需求不符。部分教师仍然满足于传统的知识传授者的定位，未能适应现代教育的需求，现代中职教育需要教师更多地充当指导者、引导者、合作伙伴，帮助学生培养实际技能和综合素养。二是缺乏专业发展与更新。部分教师在专业知识、教育技术等方面缺乏更新和提升，难以满足学生多样化的学习需求，缺乏专业发展可能影响教学质量和方法的创新。三是互动与合作能力不足。部分教师缺乏与学生互动和合作的能力，难以引导学生参与讨论、合作项目等互动式学习活动，这可能影响到学生的主动性和创造力。四是心理素质和情感关怀缺失。一些教师可能缺乏应对学生情感需求和心理健康问题的能力，影响了学生的学习积极性和全面发展。

3. 学生态度和能力方面

一是学习态度问题。部分学生可能缺乏积极的学习态度，对学习缺乏兴趣和投入，这种态度问题可能导致学生在课堂上表现消极，难以实现深入学习。二是自主学习能力不足。一些学生可能缺乏自主学习的能力，习惯于被动接受教师的指导，缺乏主动探究和独立思考的能力。三是创新和批判性思维不足。学生在创新和批判性思维方面的能力可能较弱，难以独立分析问题、提出解决方案，影响了学生的综合素质培养。四是实际操作技能欠缺。一些学生可能在实际操作技能方面欠缺训练，导致他们在实际职场中应用能力不足，无法适应工作要求。五是自我管理和目标规划不足。一些学生可能缺乏自我管理和目标规划的能力，难以有效地分配时间和精力，在学习中缺乏动力和方向，影响了学习的效率和质量。

4. 系统支持方面

一是中职学校的师资力量和教学设施不足。中职教育的特点在于注重实际技能的培养，需要富有实践经验的专业教师和适宜的教学设施支持教学活动，由于中职教育相对受到社会地位和薪酬的制约，难以吸引较高水平的师资集聚；同时，一些中职学校的教学设施和实验条件相对滞后，无法满足学生实践能力培养的需要。资源的短缺直接影响了教育质量和学生的学习体验，导致课堂生态失衡。二是对中职学校的支持力度不够。中职教育在培养社会需要的实际技能人才方面具有重要作用，在政策和投入上，中职教育却相对滞后；政府和社会对中职教育的重视程度相对较低，导致中职学校在获得各种资源和支持方面面临困难。缺乏资金、职业导向的培训计划、产学研合作等支持，使得中职学校难以有效地推动教育创新和实践能力培养，进一步影响了课堂生态的平衡发展。

四、中职课堂生态重构思考

1. 整合现代教育理念和教学策略

现代社会不断变化和发展，传统的教育模式已经不能完全适应学生的学习需求和社会的要求。整合现代教育理念和教学策略，意味着要将传统的教育方法与当代的教育趋势相结合，以更好地满足学生的发展需要，提高教育的实效性和适应性。

一是坚持多元化的教育理念。现代教育理念强调学生的全面发展，不仅包括知识的传授，还要培养学生的创新能力、合作精神、批判思维等素养。在中职教育中，可以融入启发式教学、问题导向学习、学习型评价等理念，鼓励学生主动探索、积极思考，并将所学应用于实际情境中。二是采用灵活多样的教学策略。传统的一言堂教学模式已逐渐不适应学生多样化的学习特点，在中职课堂中，可以尝试引入互动式教学、小组合作、项目式学习等策略，让学生成为学习的主体，参与到探究和实践中；同时，教师也需要更加灵活地运用多种教学方法，根据不同的学生需求进行调整和优化。三是推进技术与教育的融合。现代教育理念强调技术在教学中的应用，中职教育可以充分利用信息技术，设计线上线下融合的学习环境，为学生提供更广泛的学习资源和机会；通过数字化教学平台、在线学习社区等手段，实现教育的个性化和定制化。四是培养学生综合素养。整合现代教育理念和教学策略的目标之一是培养学生的综合素养，使他们具备适应未来社会的能力。中职教育应该注重培养学生的实际操作技能、创新能力、团队协作能力等，使他们能够在职场中脱颖而出，成为有创造力、有担当的社会栋梁。

2. 加强专业发展和资源优化配置

一是加强教师专业发展。教师是教育的核心，其专业素养直接影响教学质量，应提供持续的专业培训，引入创新教学方法、教育技术等，以提升教师教学水平；同时，鼓励教师参与学术研究，促进教育理论与实践的融合。二是注重教师团队建设。建立合作共享的教师团队，促进经验分享和协作教学。教师可以共同探讨课程设计、教学方法，从而提高整体教学效果。三是突出实践导向的教学。教师在引导学生参与实际项目、实验等实践活动，培养实际操作能力的同时，自身也要深入实践，将实际经验融入教学过程。四是重视个性化辅导和关怀。教师要关注每个学生的发展需求，提供个性化的辅导和指导；建立师生信任关系，激发学生学习的积极性。五是资源优化配置。为实现优质教育，需要合理配置教育资源，通过科学规划课程、教材，确保资源充分利用；利用数字技术构建在线资源平台，为教师和学生提供便捷的学习和教学工具。

3. 内外强化学生主动学习的动机

一是内外动机相结合。通过激发学生内在兴趣和外部激励相结合，促使学生更愿意主动参与学习；内在兴趣是学生自发的兴趣和好奇心，外部激励可以是奖励、认可等，两者相互支持，增强学生的学习动机。二是提供个性化学习路径。根据学生的兴趣和需求，提供个性化的学习路径和内容，让学生选择适合自己的学习方向，增强学习的积极性和主动性。三是做好实践与反馈。将学习与实际应用结合，让学生在实践中体验知识的价值；及时给予学生积极的反馈，增强他们的成就感和动力。四是鼓励自主探索。鼓励学生主动提出问题、解决问题，培养他们的独立思考和解决问题的能力；教师可以充当指导者的角色，引导学生自主探索和发现。五是建立情感关怀和导师制度。该制度能够帮助学生解决学习和生活中的问题，增强他们的归属感和认同感，从而提升学习的积极性。

4. 构建多元化、全方位的评价机制

一是多维度评价。评价不仅仅局限于知识考核，还应该包括技能、态度、创新等方面的综合评价；采用多维度的评价方法，更准确地反映学生的综合素养和能力。二是形成性评价与终结性评价结合。将形成性评价（持续的、过程中的评价）与终结性评价（总结性的、最终的评价）结合起来，使学生在学习过程中不断调整和改进，同时也有一个总体的衡量标准。三是做好项目评估和实践反馈。引入项目式评估，让学生参与实际项目，综合运用所学知识和技能；及时地实践反馈，帮助学生认识到自身优势和改进的空间，促进持续学习和成长。四是个性化评价与自我评价结合。鼓励学生参与个性化评价，根据自身兴趣和发展目标定制评价标准；培养学生自我评价的能力，使他们能够客观认识自己的优缺点并主动提升。五是做好反思和发展规划。评价应该激发学生的反思，帮助

三育并进："知行合一"视域下幼儿劳动教育初探

顾思思

摘　要：劳动教育根植中华优秀传统文化。新时代的劳动教育，旨在更好地落实立德树人的目标，促进幼儿个体的生命成长。文章从催生劳动意识、落地劳动行为、涵养劳动情怀三方面入手，对幼儿进行多元化的劳动教育，以期望培养爱劳动的好孩子。

关键词：三育并进；幼儿；劳动教育

陶行知曾说："我希望在创造劳动的洪炉里，他们会渐渐地克服自己的弱点，把自己造成手脑双挥的小工人。"他认为应该有计划、有目的地组织学生参加集体的生产劳动和实践活动，让学生在劳动中体会到思维和行动的力量，由此才能创造出新的价值。《幼儿园教育指导纲要（试行）》中也指出"要培养幼儿的生活卫生习惯和基本的生活自理能力""培养幼儿对劳动者的热爱和劳动成果的尊重"。因此，教师要帮助幼儿树立正确的劳动观念，培养良好的劳动意识，并且利用各种活动，教给幼儿一定的劳动知识和基本技能，让幼儿积累生活经验，发展多种感官，学会多种劳动技能，懂得尊重劳动者，珍惜劳动果实。在"知行合一"视域下，利用周边资源，培养适应 21 世纪新时代爱劳动的好孩子（见图 1）。

作者简介：顾思思，浙江省嘉兴市嘉善县姚庄镇中心幼儿园保教主任、二级教师。

他们认识自身的学习状况，制定进一步的发展规划；教师可以与学生共同制定目标，监督和指导学生的学习进程。

5. 深化社会、家庭与学校的合作与交流

一是通过家校合作，建立家长与教师的密切联系渠道，家庭可以了解学生的学习情况，学校可以及时获得家庭的反馈，共同关心学生的发展。二是通过整合社会资源，拓展学生的学习机会和实践经验；与企业合作开展实习、项目，将课堂知识与实际应用相结合，丰富学生的学习内容。三是深化校企合作，根据行业需求调整课程设置，提高学生就业竞争力；企业可以提供实践机会，学校可以培养适应职场需求的人才。四是开展社会实践与义务活动，培养学生社会责任感和公民意识；学生通过实践经验，更好地理解社会，为未来的发展做好准备。五是建立信息沟通平台，方便学校、家庭和社会进行及时交流；通过线上线下的方式，共享学生学习情况、问题和成果，实现全方位的信息共享。

高质量教育是时代的呼唤，重构中职课堂生态是一个全面而复杂的任务，重构中职课堂生态需要全社会的共同努力。政府、学校、教师、学生和家长都应该共同关注中职教育的发展，促进教育质量的提升和学生综合素质的培养。只有通过持续的合作和创新，我们才能够实现中职课堂生态的全面重构，为社会培养出更多适应未来职场需要的优秀人才。

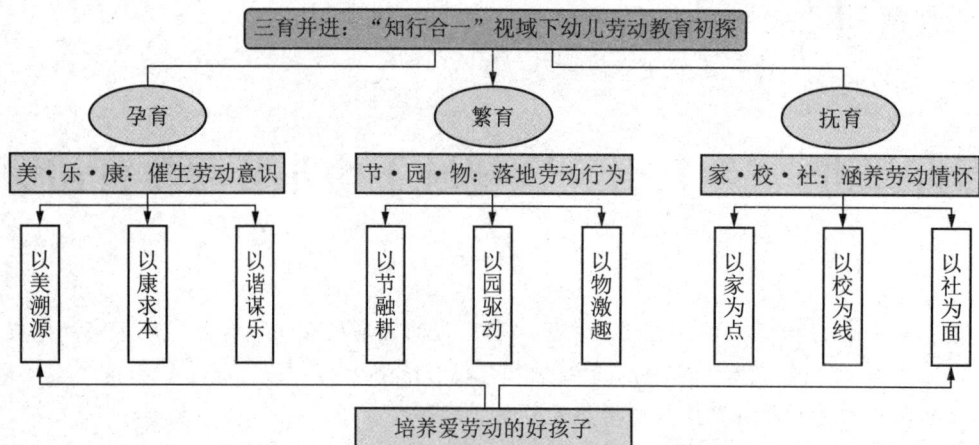

图1 《三育并进："知行合一"视域下幼儿劳动教育初探》框架图

一、以"美·乐·康"孕育，催生劳动意识

劳动意识的本质是作为人的存在方式，是处于一定社会地位的人们以群体的形式并通过一定的社会协作方式，以自身的自然力和治理引起、调整和控制人与自然之间的相互变换的过程。幼儿正处于直观思维时期，需要通过直观参与来获得感受或经验，慢慢地催生他们的劳动意识。

1. 以美溯源——劳动创造美

劳动，是人类物质或精神财富的源泉。劳动创造美：形美、味美、景美。我们的生活离不开劳动。"不劳动不得食"这句话充分体现了这一观点。我们教师要通过多元化的手段，让幼儿意识到劳动能创造美，从而萌生劳动的意识。农村幼儿园到处可见农村特征明显的一些产物，如稻草帘子、稻草人、木头房子等，利用自然资源制作的物品精致、美观，教师可以向幼儿介绍这些作品是怎么来的、有些什么作用等，让幼儿了解到劳动可以创造出这么美的物品，从而催生想要劳动的意识。也可以在幼儿的一日生活中，和幼儿谈谈"你们知道我们美味的饭菜是怎么来的吗？""农场里的黄瓜真好吃，那黄瓜长大需要我们做些什么呢？"等话题，让幼儿充分认识到所有的美食、好吃的蔬菜都是人们劳动的结果。让幼儿参观各类劳动场景，如：参观食堂、看厨师是如何制作香喷喷的美食的、回家看父母做饭的过程、亲自照顾农场里的蔬菜等，从而了解到美味的食物都要靠人们辛勤的劳动。

2. 以康求本——劳动点亮生命

前苏联苏霍姆林斯基曾说过："劳动，不仅仅意味着实际能力和技巧，而且意味着智力的发展，意味着思维和语言的修养。"可见，劳动之于人类的生命，有着很多好处，教师应通过集体活动、谈话活动等各种途径让幼儿了解这一特点，让幼儿爱上劳动。在幼儿劳动的过程中，加深幼儿对劳动工具、劳动知识及相关事物的了解，从而提升劳动技能相关的观察力、注意力、判断力、分析思考能力以及动手处理能力。比如：当发现种植的植物死掉时，可以引导孩子们观察、思考，在提升能力的同时，还可以以兴趣催生幼儿的劳动意识。

3. 以谐谋乐——劳动带来和谐

农耕劳动，并不仅仅是劳动，它包含了很多方面，如：同伴交往、同伴合作、农耕时节等。要顺利得到劳动果实，必须各方和谐发展。农耕劳动也不同于其他的劳动，它必须顺应时节，即什么时节种什么，什么时间做什么劳动。教师可引导幼儿通过集体活动、谈话活动、实践活动等掌握农耕劳动的这一特殊性，体会农耕劳动带来的和谐。教师利用幼儿平时的劳动时间，鼓励幼儿进行同伴合作，促进同伴间的关系，如：小组种植、合作制作美食等，让幼儿知道劳动能带来和谐，体会到劳动的快乐，促进劳动意识的萌发。

二、以"节·园·物"繁育，落地劳动行为

劳动行为由劳动者的需要及有目的的动机引起，并受劳动者自身状况和客观环境的制约。因此我们从节日、实践园和自然资源三个因素着手，链接幼儿的生活经验，在不同的因素中引发幼儿不同的劳动行为。

1. 以节融耕——实现劳动与自然文化的链接

中华民族历史悠久，源远流长，春节、清明、端午、中秋等中华民族传统节日和二十四节气是我们民族文化的宝贵财富，将劳动教育和这些自然文化有机联系起来，让幼儿对劳动教育有更多的体验与更深入的认识。比如，教师可以结合节日开展劳动实践活动，让劳动教育发挥最大的效力。融合节日文化，在劳动实践中，要更关注幼儿情感体验下劳动素养的整体提升，通过融合节日文化的全息化教育方式，推动幼儿经验的唤醒、能力的提升、思维的拓展。在植树节到来之际，可以引导幼儿进行"给小树做棉袄""植绿护绿"等活动；在劳动节的时候，可以组织"亲子农事体验活动"，让家长带孩子体验农耕之乐，在提升劳动经验的同时，将爱融入生活，把爱印进成长，让情怀传递更动人。教师还可以将节气文化设置成幼儿劳动教育的背景，让幼儿在传统节气里开展各类劳动活动，以期望通过劳动实践，深化幼儿劳动情感体验（见图2）。

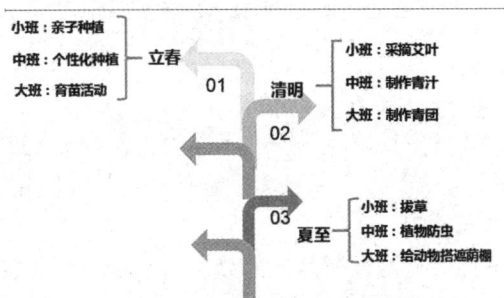

图2　幼儿园节气劳动安排图

2. 以园驱动——实现劳动与生命教育的链接

习近平总书记曾说过："人世间的一切成就、一切幸福都源于劳动和创造。"为方便于老师们平常对幼儿劳动教育课程的实施，"种植园"和"萌宠园"的创建是必然的。将劳动教育链接种植园，引导幼儿开展种植劳动，让幼儿亲历种植的过程，参与种植作物管理、探究并感悟生命的成长，体验收获的喜悦、分享成熟的果实，任务主要包含作物种植、作物管理、果实加工等。自然而生动地把劳动不着痕迹地渗透于教育中，让幼儿充分感受和体验劳动带来的愉悦感和成就感。在萌宠园饲养小羊、小兔子、小鸡等，贴近幼儿的生活，让幼儿可以在模仿、实践中积累一定的饲养知识，提升劳动技能，让劳动教育融入幼儿生活。幼儿在饲养小动物的过程中每天都有劳动任务（见图3）。

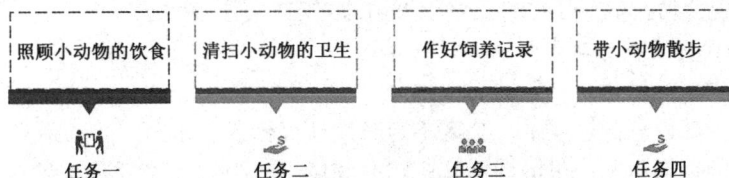

图3　幼儿饲养小动物劳动任务流程图

两园的创建让幼儿有农耕劳动的契机和兴趣，同时在幼儿中又很好地渗透了劳动与生命教育的联系，以设置各年龄段不同的劳动目标为前提，真正把劳动植入幼儿的生活，让劳动融入幼儿的生命。

3. 以物激趣——实现劳动与自然资源的链接

我园是一所农村幼儿园，自然资源丰富，随处可见稻草、芦苇、艾草、小麦等自然资源，幼儿可以由一种自然资源生发出一系列的学习体验链，使劳动教育在全息化的大自然教育场中与真实生活对接，从而更好地推进幼儿的劳动教育，促进幼儿劳动经验的提升。教师组织幼儿到田间踏秋寻

找，一起收集稻草、芦苇等物，引导幼儿通过自身劳动对稻草、芦苇等进行或剪、或捆、或扎、或编的操作，编织成各种物品，比如：有趣的小蛇、漂亮的稻草人、草编碗等，这时，幼儿的劳动价值也会得到充分体现。在"桃趣街"里开设编织铺，幼儿通过自由入区、商量计划、分工合作、店铺游戏、分享交流，不仅可以感知桃趣街里的编织乐趣，了解本土文化，更能培养幼儿的劳动兴趣。以下为幼儿在"桃趣街"编织铺中的游戏流程（见图4）。

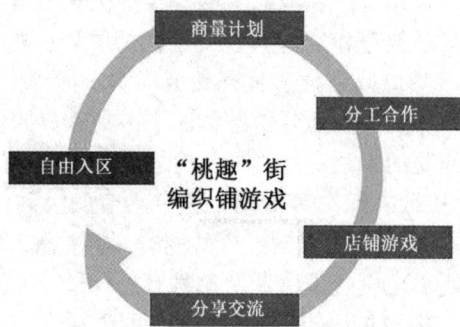

图4 "桃趣街"编织铺游戏流程

三、以"家·校·社"抚育，涵养劳动情怀

幼儿劳动习惯的养成，需要反复练习、操作并不断强化，教师、家长和社会都应对幼儿的进步不断给予鼓励，家、校、社教育步调同步、一致，才能更好地帮助幼儿提升劳动品质。

1. 以"家"为点，根植劳动基因

家庭教育是幼儿教育中不可或缺的重要组成部分，幼儿园的劳动教育离不开家长的支持。平时在家里，可以和幼儿一起制定一些"亲子劳动任务"或"亲子劳动计划"，这不仅能增进亲子间的感情，还有助于提高幼儿的劳动能力。如：和幼儿一起进行蔬菜种植，让幼儿进行浇水、施肥、除草等任务打卡；当蔬菜熟了，在幼儿体验自己的劳动果实时，组织幼儿的好朋友来分享幼儿的成功，把幼儿放在榜样的位置，邀请好朋友一起品尝劳动成果，这样不仅有助于提升幼儿的成就感和自信，还能让幼儿爱上农耕劳动。

2. 以"校"为线，厚植劳动意识

为提高幼儿劳动的积极性，树立榜样，提升幼儿的劳动品质，在班内或园内开展评优工作是最有效的途径。评优可以促进幼儿强化自己的劳动品质，更好地进行农耕劳动行为。在每一个学期中，幼儿学习的劳动技能和知识都是层层递进的，在幼儿完成初步的农耕技能学习后，教师可以和幼儿一起讨论评优的方案，让幼儿投票决定选出劳动技能掌握最好的幼儿并进行颁奖。这样可以帮助优胜者幼儿更好地掌握劳动技能，强化幼儿对于劳动的兴趣，厚植劳动意识。

3. 以"社"为面，沃植劳动素养

三方协同教育中，社区也是重要的组成部分，三方联动，协同共育，才能更好地提升幼儿的劳动品质。在对幼儿劳动教育的过程中，社区不定时发放宣传册、张贴"劳动最光荣"海报等，从日常生活中营造浓厚的劳动氛围；积极利用其广阔的场域空间为幼儿的劳动实践搭建平台，组织一些幼儿进行亲子劳动比赛，如：种植比赛、基地参观等，协助幼儿园和家庭对幼儿进行幼儿劳动素养的提升。

"泰山不拒细壤，故能成其高；江海不择细流，故能就其深。"践行陶行知思想，从小培养幼儿的劳动习惯，提升幼儿的劳动能力，对他们今后一生的发展具有重大的意义。教育者应大胆放手让幼儿去做力所能及的农耕劳动，在将来他们才能自立于社会，才能具有自我生存的能力，才能成为一个对社会有贡献的人！

浅谈幼儿的感恩教育

石 宇

摘 要：感恩教育作为一种重要的社会价值观念，已经渗透到教育领域中，成为了现代教育中重要的组成部分。幼儿时期是孩子们形成人格、价值观的关键时期，因此针对幼儿的感恩教育非常关键。文章旨在探讨幼儿感恩教育的重要性及其有效的实施方法。

关键词：幼儿；感恩教育；传承

感恩是中华民族的优良传统美德，也是人的最基本的品德之一。自古就有"羊羔跪乳，乌鸦反哺"的事例传承感恩教育，也有父母以身示范给下一代做好榜样。但是，随着独生子女家庭结构的出现，造成了溺爱孩子的现象，也丧失了对很多优良传统美德的传承教育。现实生活中的很多孩子根本就不知道什么是感恩，如何感恩，为什么要感恩？我们需要反思的是我们的学校教育，父母对于孩子的家教，父母的言传身教。

在学前开展感恩教育旨在培养孩子"识恩、知恩、感恩、报恩、施恩"的良好品行，让孩子有感激之情、感恩之心、感谢之行，更想向家长宣传传承传统美德的重要意义，家园携手开展感恩教育，让感恩传统美德得以传承，让爱在每一个孩子的心中扎根生长。

一、在园本课程中落实感恩教育

《上海市学前教育课程指南》（以下简称《指南》）中明确指出要"爱父母长辈、老师和同伴，爱集体、爱家乡、爱祖国"。这也就是要求我们的孩子从小心存感激、心存爱，用一颗充满感激、充满爱的心对待父母、对待他人、对待社会，做一个积极向上、热爱生活、充满正能量的人。根据《指南》和幼儿的年龄特点，我们将感恩教育分别渗透在小中大三个年龄段，拟定符合各年龄段幼儿发展的教育目标。

（一）园本感恩教育阶段目标

小班感恩教育目标：（1）了解自己的家和家人，亲近父母与长辈，愿意用简单的语言或动作表达对他们的爱。（2）长辈讲话时不打扰、能认真听，并能听长辈的要求。（3）得到别人帮助后，愿意主动表达感谢之情。（4）身边的人生病或者不开心时，能够给予安慰、关心。（5）喜欢亲近老师和同伴，体验和老师、同伴一起活动的快乐。（6）在成人的引导下，愿意分享玩具或食物。（7）初步了解周围熟悉的人的劳动，愿意表达感谢之情。（8）知道自己是上海人，喜欢上海，学说一些简单的上海童谣。（9）认识国旗，知道国歌。（10）愿意亲近观察动植物，有爱护它们的情感。

中班感恩教育目标：（1）尊敬父母与长辈，感受家的温暖。（2）知道父母的职业，能体会到父母养育自己所付出的辛劳。（3）喜欢自己的老师，感受老师对自己的爱并有关心、体贴的表现。（4）了解周围人的职业和自己的关系，尊重他们的劳动。（5）关注同伴，乐于与同伴友好交往；感受同伴对自己的关爱，会互相帮助、会分享。（6）懂得关心弱小的同伴，能够产生怜悯之心，不欺负弱小。（7）能说出自己居住在上海，知道上海市代表性物产或景观，萌发爱家乡的情感。（8）知道自己是中国人，奏国歌时，行注目礼。（9）亲近自然，感知周围自然物和自然现象，有爱护自然的意识。

大班感恩教育目标：（1）关注亲近人的情绪和需要，乐于做长辈、老师的小帮手。（2）感受劳

作者简介：石宇，上海市普陀区大风车幼儿园园长、一级教师。

动与自己生活的关系，尊敬劳动者。（3）尊敬为大家提供服务的人，尊重他们的劳动成果。（4）主动关心同伴，体验与同伴互相交往、合作的重要和快乐，懂得谦让与尊重。（5）关注家乡的变化，萌发爱上海的情感。（6）爱祖国，尊重国旗国徽；了解名人事迹、知道国家一些重大的成就，为自己是一个中国人感到自豪。（7）初步了解人们的生活与自然环境的密切关系，知道尊重和珍惜生命、珍惜资源，具有热爱环境、关心和保护环境的意识。

目标的拟定结合了《指南》中的儿童阶段教育目标，也挖掘了生活、学习用书中各个主题目标，根据这些年龄段的目标，我们将其分别在班级学期目标中进行落实，基本涉及五大方面：爱祖国、爱家乡、爱家人、爱同伴、爱自然。

（二）主题活动中的感恩教育

为了能使感恩教育渗透于主题教学活动中，我们分析梳理了各个年龄段各主题的活动内容，并形成感恩课程的网络图，确保感恩教育能与主题活动相融合。

大班 8 个主题共 68 节感恩教育活动，11 节非主题活动。中班 14 个主题共 85 节感恩教育活动，5 节非主题活动。小班 19 个主题共 77 节感恩教育活动，3 节非主题活动。如：小班主题《娃娃家》中设计了语言活动《帮妈妈》《快乐的梦》，美术活动《爸爸的胡子》，音乐活动《好孩子不要妈妈抱》等。中班主题《我爱我家》中有语言活动《爸爸调查表》，美术活动《给妈妈的信》《画妈妈》，科常活动《在妈妈肚子里》，音乐活动《爸爸本领大》等。大班主题《有用的植物》中，设计了语言活动《大树妈妈》，音乐活动《秋叶》，科常活动《树真好》，美术《战胜沙尘暴》等。

为了能使这些活动更有集体活动的价值。我们借助大小教研活动开展一课多研，从活动的目标制定、活动环节的设计、重难点的突破、环节小结语的梳理提炼，设计并选出了一批感恩活动的优质课。这些优质课纳入幼儿园课程资源库，便于教师随时取用，从而使优质资源发挥最大的教育作用。

二、利用节日渗透感恩教育，促进家园携手

节日活动是开展感恩教育最佳时机，是学校实施感恩教育的有效形式。我们每学期利用各个节日组织幼儿、家长开展感恩教育活动。通过让家长与孩子一同参与我们的亲子活动，了解幼儿园开展感恩教育的真正意义，也想与家长携手将感恩教育延伸至家庭。

如：三八妇女节、母亲节、父亲节、劳动节等。幼儿园以班级为单位邀请家人来园活动，通过说说讲讲、画画做做，唱唱跳跳，让孩子学会关心身边的人，了解他们的工作，了解他们的付出。感受他人对自己的一份爱，学会感恩，愿意表达心中感恩之情，渐渐也能用行动去表达、回报爱。很多家长活动后跟老师交流，自己的孩子在家不再像以前那么任性，还会关心体贴照顾家人，受到了亲朋好友的称赞。听了家长们的话语，老师们的心里充满了欣慰，更加坚信教育是有回报的，我们的坚持是正确的。

借助国庆节我们开展"爱国月"主题系列活动，让幼儿从小萌发爱祖国的情感。根据小班中班的年龄特点，融入了民俗游戏捏泥人、画糖画、"我爱中国"长卷画。大班开展新兵训练营活动，邀请大班家长来园参加活动，观看升旗仪式、观摩共建单位解放军队列训练、小小新兵训练等。利用国庆长假外出游玩的契机，向家长和孩子提出了"带着国旗去旅行"的倡议，每个班级都制作了大型的照片展览板组织孩子们参观，孩子们在看看说说中对于祖国名胜古迹有了更多的了解，感受着祖国地大物博。

一系列的活动，使孩子和家长共同了解幼儿园的爱国主义教育内容，增强对祖国的热爱之情，为自己是中国人而感到骄傲，也让我们的红色正能量，传播得更远更广。

三、利用生活中随机教育渗透感恩教育

陶行知先生曾经指出"教育是心心相印的活动"，情感教育更是如此。感恩教育不只需要靠课堂教育来完成，而更多地是通过从发生在他们身边的小事，让幼儿在一点一滴、一言一行中体会知恩、感恩、施恩的情感。

我们注重对日常生活中的随机感恩教育，如：阿姨为我们忙碌地分饭菜的身影，保安叔叔为了保护我们的平安在坚守岗位……引导幼儿来离园能与家人、老师、保安、打招呼；能对班级保育员阿姨说声谢谢等。学会在生活中发现别人对我们的关照，在感知关爱之情的基础上学会表达自己的感谢之意。

大班幼儿在老师的组织带领下，定期走出校门走进社区，与爷爷奶奶们相约养老院。孩子们还排练节目表演给爷爷奶奶看。在敬老节，孩子们更是自主准备了礼物送给他们。活动前后，老师都会组织交流谈话，让孩子们懂得要尊敬老人，关心老人。每次的活动也让孩子们体验为他人服务、关心他人的快乐，让他们知道除了家人，社会上还有很多人需要我们的关心和爱。每次回来，孩子们都会激动地拉着爸爸妈妈的手说："今天我们去看望隔壁养老院的爷爷奶奶了。""他们很孤单的，我们去给她们表演节目，给她们敲敲背，她们会很开心的！""爸爸妈妈，等你们老了，我会好好照顾你们的。"孩子们稚嫩的言语表达了真实的情感，相信我们的家长一定也会被深深感动。

经过感恩教育，幼儿的感恩意识呈阶梯式上升。幼儿从识恩开始，懂得了知恩，转化感恩行为，最后到达施恩于人，并在施恩中体验到幸福和愉快的情感。幼儿、老师和家长有了以下变化：

（一）幼儿的变化

1. 幼儿产生了爱家人的感恩行为

通过感恩、爱心教育的是实施，幼儿学会了关爱家人，知道心存感激。在和家长的交流中，时常会听到这样的反馈：自己的孩子比以前懂事了，会帮助家人做一些简单的事情，自己的事情尝试自己做，这些真实的细微变化，让家长感同身受爱的回报。

2. 幼儿萌发了爱同伴的感恩行为

过去许多幼儿接受得多，付出得少，而如今，幼儿已能在被别人关心、帮助的同时，回馈感激同伴的爱。小朋友听说班级的同伴生病消息后，会主动打电话慰问他，表达关爱之情，看到幼儿这份主动奉献的关爱之情，老师和家长由衷地高兴，共同体验到浓浓的关爱、感恩之情。

3. 幼儿形成爱身边人的感恩行为

过去，孩子们对于身边的人关注少，有的甚至只认识自己班上的老师，也没有体验到自己的成长其实是身边许多人关爱的结果。如今，幼儿具备了感恩的心，当看到老师疲惫的身影，他们会主动询问"老师你哪里不舒服了？""老师你休息一下吧？"当看到同伴有困难时会主动给予帮助，他们在施予的过程中也体验到了助人的快乐。幼儿懂得了感恩，更懂得了施恩。

（二）教师的变化

1. 推进了德育的随机教育

教师更多地感受到感恩教育有些是需要通过教育途径施予影响，有更多的时候是需要教师充分的挖掘社会、身边发生事情进行随机教育，树立大教育观，这样教师的行为也有了质的变化。

2. 更注重对家庭教育的指导

在促使幼儿感恩行为的实践中，教师更看到了家庭教育的优势，也就是说，有些教育目标在家庭中培养更为有效。老师与家长沟通、指导的事例增多了，促使教师自觉提高个人修养，积累教育经验。

3. 更关注幼儿的行为变化

在感恩教育课程实施过程以后，教师能关注到幼儿的行为，能从更多的细微变化中捕捉到孩子情感的变化，并根据孩子的行为表现调整教育的方法、手段，为幼儿树立榜样、营造温暖、积极向上的人际氛围。

（三）家长的变化

在家园共育中，家长通过参与、实施，教育观也有了转变，改变以往重智轻德的思想，在日常生活中也更多关注幼儿感恩情感教育。

教育需要潜移默化，教育需要持之以恒。我们的感恩教育就是这样"润物细无声"，也希望这份爱、这份感恩能在孩子们的心中生根发芽，希望我们今天的付出，换来明天社会的和谐美好。

浅谈节气文化在主题活动中的具象化策略

沈　良

摘　要：随着国家对传统文化教育的重视，越来越多的幼儿园开始尝试将传统节日和传统文化融入幼儿的教育活动中。但仍存在形式和表面的融入，没有从幼儿的特点和能力出发，导致幼儿对传统文化一知半解的情况。基于陶先生"生活即教育""行是知之始""教学做合一"等理念，以"二十四节气"为内容，尝试通过"细寻觅，知节气""多实践，享习俗""广收集，存节气"三种途径在幼儿园中进行节气主题资源的挖掘和实施，使幼儿在一日活动中潜移默化感受传统节气习俗的乐趣，激发幼儿传承传统文化的兴趣。

关键词：生活教育；节气文化；具象化

在与时俱进的教育实践中，陶行知先生提出的生活力和生活教育思想逐渐融入了传统的教育形式，一日生活即教育。近两年来我园经过传统文化教育在课程建设的探索，以善味·节气课程开发为背景，探索并形成了以幼儿为主体，贴近自然环境、体验传统文化、保存文化气息三条有效途径的具象化策略，该策略极度激发了幼儿对传统节日文化的兴趣。本文以"节气·大雪"微活动为例，尝试在幼儿园中班主题活动中具象化实践。

一、细寻觅，知节气

陶行知先生早就提出，要让学生得到"六大解放"，要把自主权还给学生，要使学生在实践中开启智慧的门扉。科学教育应密切联系幼儿的实际生活来进行，利用身边的事物与现象作为科学探索的对象。对此，通过幼儿去亲身体验、仔细观察，来感受大雪节气所带来的自然变化以及对大雪节气习俗的乐趣。

1. 感受：小小自然观察手

《幼儿园教育指导纲要》指出："教师要善于发现幼儿感兴趣的事物、游戏和偶发事件中所隐含的教育价值，把握时机，积极引导。"在平日的户外活动期间，幼儿常常发现树叶宝宝离开树妈妈、油桶上面结冰了、我们穿的衣服越来越多的现象，渐渐地这些就成为了她们的话题。根据幼儿的兴趣点，在户外活动中引导幼儿探索这些问题，展开讨论。在探索这些奥秘的过程中，孩子们发现这些现象和大自然有着联系。

2. 调查：节气知识我知道

"家庭是幼儿园重要的合作伙伴。本着尊重、平等、合作的原则，争取家长的理解、支持和主动参与，并积极支持、帮助家长提高教育能力。"我们开展开放式的亲子谈话活动，和幼儿交谈有关大雪节气的风俗。例如："你们知道雪花吗？""你知道大雪节气吗？""大雪节气中会有什么样的风俗呢？"让幼儿展开他们的奇思妙想，激发幼儿对于大雪节气的好奇心。通过和家长的交流、合作，共同完成了"'大雪'知多少"的调查表，既增进了亲子的感情，也促进了幼儿传统文化的发展。

让幼儿更加了解大雪节气，在幼儿园活动的各个环节中有机渗透有关大雪节气的常识，激发幼儿对于大雪节气的兴趣。在幼儿园每周的国旗下讲话中，近距离和幼儿面对面交流，让我们的孩子对大雪节气的认知更近一步。在休息环节中，可以和孩子在幼儿园中观察，观察身边的自然现象，和孩子们展开交流："你觉得现在温度怎么样？你是怎么发现的？"从细微的现象中发散幼儿的思维，

作者简介：沈良，浙江省嘉善县干窑镇实验幼儿园二级教师。

让幼儿更加全面地了解大雪节气。

在幼儿的教育内容的选择上应该贴近幼儿生活，选择幼儿感兴趣的事情，符合幼儿现实的需要，有利于幼儿长远发展。因此要在激发幼儿对于大雪节气兴趣的基础上，开展了各类活动。在大雪节气主题活动中，主要从健康、语言、科学、社会、艺术五大领域让幼儿更全面地了解大雪节气。各个活动不是单独的，因为儿童的发展是一个整体，要注意领域、目标之间的相互渗透和整合。

在一日生活中，幼儿通过和老师的交流和探索，已经大致了解了大雪节气中腌肉、煮番薯粥的风俗。为了让幼儿更深入了解大雪节气和大雪节气的风俗，我们开展了多项活动，让幼儿全方面地接触和了解我们的大雪节气。比如，教师通过亲身示范，把做腌肉的步骤完全呈现在幼儿的面前，让孩子们更加形象地认识了腌肉的特点和制作过程。这也遵守了《幼儿园教育指导纲要》在科学领域所要求的：要尽量创造条件让幼儿实际参加探究活动，让他们感受科学探究的过程和方法，体验发现的乐趣。

我们从幼儿的兴趣点出发，根据实际的条件开展各类不同领域的教学活动。教师通过开放式的交流、实际的操作，使幼儿萌发对大雪节气的喜爱，也激发幼儿对传统节日的探究欲望。

3. 寻觅：形式多样共探索

随着时代的变迁，微信成为了联系家长和教师的桥梁，开展多彩的大雪节气活动也缺不了微信。我们运用微信推送有关大雪节气的文章，帮助孩子共同寻找节气风俗，同时也提高幼儿和家长参与的积极性与乐趣。在幼儿已有的经验上，家长提供帮助和思考，幼儿和家长一起以画画和文字的形式记录大雪节气的风俗。在幼儿园里，孩子们就会和朋友聊起昨日和爸爸妈妈一起发现的"小秘密"。这一次的活动不仅让"寻找"大雪更加准确，也增进了亲子之间的亲密度，激发了幼儿对于传统文化探究欲望。

二、多实践，享习俗

陶行知说："教育的根本意义是生活之变化。生活无时不变，即生活无时不含有教育的意义。"在指南中提出教师需要去理解幼儿的学习方式和学习特点。幼儿的学习是以直接经验为基础，在游戏和日常生活中进行的，最大限度地支持和满足幼儿通过直接感知、实际操作和亲身体验获取经验的需求。让幼儿亲身去体验传统习俗，感受传统习俗带来的快乐就尤为重要。

1. 亲尝试，策划班本活动

在开展活动之前，我们询问了老一辈的家长们有关腌肉和煮番薯粥的材料和步骤。得知这些信息后，教师就开始和幼儿开始一起探讨食材的来源。因为我园处于城乡接合部，因此还是有一部分家庭是种植农作物的，许多幼儿就提出自己可以带番薯过来。为了提升幼儿的社会能力，教师引导幼儿购买晚上要用到的食材，让我们的大雪节气晚会更加有趣。通过亲身感受和实际操作，孩子们都收到了活动所需要的原材料，幼儿通过模仿潜移默化地发展了社会能力，也极大增强了幼儿的成就感和传统习俗带来的趣味性。

2. 来助教，传递节气文化

为进一步促进家园共育，有效利用家长资源，激发幼儿和家长参与活动的兴趣和热情，我们邀请了一位奶奶进入课堂，让幼儿更近距离地感受传统节日习俗。奶奶把可能用到的东西都带了过来，生动地给幼儿示范腌肉。孩子们都好奇地看着这些东西。在活动中，幼儿向奶奶询问了许多关于做腌肉的知识，奶奶使用盐、花椒、辣椒仔细地把肉条搓一遍，一边腌肉，一边和孩子们说做腌肉的步骤。通过实践，奶奶更加了解了幼儿园的教育。通过家长入课堂的活动，我们缩短了家庭和幼儿园的距离，同时加深了孩子们对于腌肉的理解。

家庭与幼儿园教育配合，能让幼儿园教育的延续性和完整性得到保证，从而增强效果。因此，幼儿园积极主动向家长普及民族文化和历史传统，也得到家长的配合和参与。通过日志空间、家长开放日等活动，提高家长对于我国民族文化和历史传统教育的关注和认识，使家长能够积极配合幼儿园教育延伸到家庭教育中。

3. 享成果，品尝节气美食

陶行知先生认为，教与学都以"做"为中心。"做"是"学"的中心，也是"教"的中心。通过班本活动"大雪的味道"之后，不仅满足了幼儿对于大雪节气的好奇心，也感受到大雪节气习俗带给孩子们的期待与喜悦。等到香喷喷的腌肉腌制完成后，孩子们就迫不及待地想去品尝自己的腌肉。老师还和孩子们一起制作了美味的咸肉菜饭，一起享受这来自"大雪节气"的味道。

为了让幼儿更有成就感和文化自豪感，让更多身边的人们了解大雪节气的习俗，我们组织幼儿进行分享腌肉的活动，以此来传递优秀的传统文化。孩子们把腌制完成的腌肉精心包装，画上满满的祝福，然后送给保安叔叔、阿姨、老师和朋友们。在这个享腌肉的日子里，园中都知道了大雪这个有趣的节气，一瞬间就成为了当日最火热的话题之一。通过分享自己的劳动成果，进一步把大雪节气的热情推到了高潮。

三、广收集，存节气

幼儿园的节气课程不只是选择生活作为教育的内容，还应通过生活来进行教育，生活既是教育内容又是教育的途径。随着对教育理念理解的深入，将"生活教育"理论渗透于节气课程的建设，推进了幼儿园节气课程生活化、游戏化的进程。

1. 重痕迹，丰富主题环境

幼儿的成长离不开环境，环境对于幼儿的发展的作用是潜移默化的。我国古代就有精辟的论述如：近朱者赤，近墨者黑，强调了环境对人的感染作用。通过布置幼儿园班级环境，更换区角的材料，把有关大雪节气的材料布置起来。保留幼儿认识大雪的痕迹，丰富幼儿有关大雪节气的认知，使整个班级环境充满了大雪节气的味道。

2. 建资库，共享活动资源

通过这一次实践，我们看到了幼儿对于大雪节气的喜爱。因此为了让下一次大雪节气课题的展开更加完整，我们把有关大雪节气的各个活动的方案、教案、倡议书、反思等进行汇总整合，把孩子认识大雪节气的点滴通过视频或者照片的形式记录下来，利用微信公众号进行分享，让更多的社会人群关注传统文化的传承和教育，也为教师对传统教育提供更多的参考空间。

3. 做书册，记录活动过程

为保存这一周大雪主题活动的过程，我们进行了别样的记载。通过对照片的整理，对每一个活动进行梳理，加上文字的叙述，制成了一本"大雪节气"相册。里面记载着每一个活动带给孩子的快乐。我们把幼儿的调查表整理成册，便于幼儿翻阅。通过家庭轮流翻阅相册和调查表，让每一个孩子都能感受到大雪节气带给自己的乐趣。

在幼儿园节气文化的主题活动过程中应用陶行知生活教育理论有重要的意义和指导作用。生活、自然、体验、操作、探索、课程之间并无界限，从中国源远流长的灿烂传统文化中选择适合孩子的、有益的、有趣的内容，通过让孩子直接感知自然的变化、亲身体验传统文化的快乐、记录保存传统文化等具象化的措施来让幼儿获取优秀传统文化。具象化的节气活动证明了大雪节气引入幼儿教育，不仅可以让幼儿潜移默化地感受到中国悠久的文化历史、灿烂文化精髓，为自己是一个中国人而自豪，还可以让每一个孩子富有个性地发展，逐步形成良好的个性心理，促进幼儿身心全面协调发展。让中国这些优秀的文化像一颗种子一样，在他们的心中生根、发芽、成长，最后成长为一棵枝繁叶茂、花香四溢的参天大树。

陶行知劳动教育思想的内容及当代启示[*]

李家纬

摘　要：在陶行知看来，"生活教育是生活所原有，生活所自营，生活所必需的教育"[1]。他所创办的晓庄学校、山海工学团、育才学校的劳动教育都坚持走"生活即教育""社会即学校""教学做合一"的道路，如今，这条与生活相联系的道路仍应是我们开展劳动教育所必须坚持的道路，这对我国劳动教育的开展具有重要现实借鉴价值。

关键词：陶行知；劳动；劳动教育

陶行知认为："教育的根本意义是生活之变化"[2]，故而，真正的劳动教育是与生活是密不可分的，劳动是生活性的劳动、教育是生活性的教育，劳动教育的存在和发展离不开生活的支撑和保障，正如陶行知所提到的："劳动的生活即是劳动的教育。"[3]

一、陶行知劳动教育思想的内容

1. 以生活劳动为基础的培养劳动价值观

劳动价值观教育是陶行知劳动教育思想中最为重视的内容，主要是指通过劳动生活使受教育者在动手实践、接受锻炼中感受劳动的光荣、劳动的伟大，形成良好的劳动意识以及劳动观念。"劳动教育的本质在于培养劳动价值观"[4]，必须深入到生活中去，以生活劳动为基础，在陶行知看来，受什么教育，便需过什么生活，关键要素是个"过"，即参与到这样的生活中去，否则便不算是真正的教育。

在进行生活劳动中，学会热爱劳动。劳动，特别是参与日常生活中的劳动，往往是形成一种内化于心、外化于行的劳动价值观重要途径。陶行知特别注重在日常生活的劳动中培养学生的"生活力"，从学生的衣、食、住、行四大板块来培养其生活技能，使之形成热爱劳动的情感。会洗补衣服是育才学校所要求的 16 项初级常能之一，是学生所必有的劳动技能。烹饪在晓庄师范受到极度重视，晓庄要培养贴近生活的师范生，就必须有基本的生活技能，所以，晓庄师范学生不会烧饭，不予毕业。建校劳动是晓庄全体师生共同的生活，晓庄师范的校址原是几片荒山，学校的一切用房：包括教室、图书馆、宿舍、操场等都是由师生自力更生、共同建造的。修路劳动是晓庄的重要生活内容，在晓庄师范的考试中着重考察修路经验，并且陶行知在学校生活中常带领学生修缮学校周围的道路。陶行知通过生活中点点滴滴的小事，让学生在劳动中感受快乐，学会热爱劳动。

在开展劳动课程中，懂得崇尚劳动。劳动课程是一个实践性突出、思想性鲜明、育人性显著的课程，对于培养学生的劳动情感、劳动态度、劳动价值具有不可忽视的作用。陶行知的劳动课程更加突出"生活性"，劳动课程的内容不仅仅局限于课堂上的教与学，还将课堂内容拓展到生活中的"做"中，通过显性课程与隐性课程的结合，使劳动课的内容更加"立体"和"鲜活"。在显性课程中，陶行知将手工、种植、养殖等实践内容设为劳动课程。在隐性课程中，一方面在培养目标、入学考试、校园环境等非正式课程中以春风化雨、润物无声的方式使学生感受到劳动的光荣和伟大；另一方面，陶行知将劳动内容融入德智体美教育中，例如，在晓庄师范主持召开的联村运动会中，运动员们进行了挑水、耕牛等比赛项目，在劳育与体育的结合中，培养了学生热爱生活、热爱劳动、

* 本文系作者硕士学位论文节选。

作者简介：李家纬，上海师范大学马克思主义学院硕士研究生。

崇尚劳动的情感。

在培养生活常能中，明白劳动创造美好生活。陶行知认为"常能"就是生活所必需的、固有的能力。中国传统教育致力于培养的学生能力仅仅涉及学习能力而很少涉及最基本的生活能力。但是事实上，如果学生单单掌握高级能力而缺乏常识，很可能成为娇生惯养的"小皇帝"而无法成为生活独立的"小主人"。陶行知看到了这一问题，明确提出了《育才二十三常能》，指出初级常能 16种，如洗衣、做饭等基本生活能力；高级常能包括 7 种，如开车、打字、翻译等较为高级的生活能力。[5]陶行知提出的"育才二十三常能"既是对生活力、劳动力的具体要求，又是锻炼学生劳动意识、劳动能力，明白劳动创造美好生活的良方。

2. 以生产劳动为核心提升劳动技能

一方面，传授生产技术知识。陶行知高度重视科学问题，清楚地看到科学知识在现代社会中的重要作用。早在 1914 年，他就指出"科学教育应从儿童时代入手"；[6]1932 年，他又提出"我们要造成一个科学的民族"；[7]在《中华教育改进社设立试验乡村师范学校第一院简章草案》中，陶行知就规定生产技术知识课程要含有"科学的农业教学做"，他强调乡村教师一定要有"科学的头脑"，要在科学技术知识的指引下，"三年使科学农业著效""十年使能荒山成林、废人生利"。[8]因而，在陶行知所创办的学校中极其重视生产技术知识的传授，他认为没有科学技术上的指导，农业生产很难获得进一步的发展。为了使学生掌握科学的生产技术知识，提高劳动技能，陶行知提出了"艺友制"的教育方法。那么何谓"艺友制"呢？陶行知解释道："凡以朋友之道教人艺术或手艺者，谓之艺友制教育"[9]，在晓庄师范，陶行知就特地聘请了农事指导员邵仲香传授科学种田知识，学生在学习中不仅学会了生产劳动知识和技能，而且也走出了一条"劳育生活化"的育人之路。

另一方面，参加生产劳动实践。陶行知认为进行劳动教育不仅仅是开展一门劳动课，传授劳动知识而已，而是要鼓励师生积极参加生产劳动实践，在劳动体验中使受教育者养成正确的劳动观点和劳动习惯，让学生懂得劳动的辛苦、珍惜劳动的成果，并学会一定的劳动技术。从校内实践活动来看，陶行知一贯主张要坚持"教学做合一"的教育方法，一切以"做"为中心。譬如，晓庄师范学校自建校以来就十分重视种植、养殖、生产等生产劳动实践，给学生的必修劳动课提供了荒山、农田、畜牧场等劳动基地，为学生的劳动实践提供了必须的场所。育才学校更是每周开设二三节开荒、养殖等劳动课，育才师生发挥"小农人精神"，伸出双手作生产劳动，自力更生。从校外实践活动来看，陶行知主张要打破学校的"牢笼"，把教育延伸至社会实践中去。陶行知认为教育要以社会实际生活为中心，要在"必有事焉"上用功，"比如种田这件事要在田里做，就要在田里学，也就要在田里教"。[10]陶行知及其鼓励学生走出去，到工厂、农场见习实践，并且通过开展形式多样的"工学团"运动让学生提高劳动本领，卓有成效地解决了传统教育的弊端。

3. 以服务劳动为重点弘扬劳动精神

第一，在自我服务劳动中弘扬劳动精神。自我服务劳动就是培养学生做一些力所能及的事情，结合日常生活，通过自我服务劳动养成良好的劳动习惯。在晓庄，挑水由专门的工友负责，其他的一切校内事务均由师生共同完成，陶行知教育学生自己的事情要自己干，向"自助助人，自立立人"的方向去努力，在日常生活劳动中培养起热爱劳动、热爱劳动人民、热爱劳动成果的思想情感。与此同时，协助学校做好校务工作也是其劳动教育思想的内容之一。在晓庄师范学校里的文书、杂务、卫生等工作，都是由教师与学生共同完成的，其中教师起指导作用，学生则承担主要事务。学生做好校务工作不仅可以使学校节省教育经费，更重要的是使学生在辛勤劳动中实现自我人生价值，感受劳动的美丽。

第二，在家庭服务劳动中弘扬劳动精神。所谓的家庭服务劳动指的就是家务劳动，是家庭劳动教育的重要组成部分。陶行知注重将劳动教育融入家庭生活，在家庭劳动教育中让孩子做一些力所能及的家务劳动。陶行知指出"到处是生活，即到处是教育"，[11]只要是生活的场所，就可以说是劳动教育的场所，所以，陶行知的劳动教育与家庭生活之间有着天然的联系。他在 1927 年 2 月 11日写的家信中，要求"桃红、小桃在家，自己的事要自己干"，[12]这对于他们形成健全的人格，具备勤俭节约、自立自强、热爱劳动的品德具有重大意义。陶行知的次子陶晓光在《回忆父亲给我的教育》中谈到"父亲从小就要我们动手做事、劳动，不要学少爷、小姐"，[13]陶行知先生虽然平常工作繁忙，但是很注重孩子们世界观的形成，要求在家庭服务劳动中逐渐树立起独立自主的信念。

第三，在社会公益劳动中弘扬劳动精神。社会公益劳动是通过种树、打扫、帮老助残等活动，使学生了解劳动的甘苦，懂得劳动奉献、劳动创造的美丽。陶行知在晓庄学校、育才学校就经常带领师生去学校周围进行整修道路、桥梁，开井取水等公益劳动。与此同时，陶行知还倡导"会朋友去"社会公益劳动，发动师生去附近村庄帮助农民解决问题，和农民做朋友。陶行知开展了多种多样的社会公益劳动，要求学生走出学校、走进社会，在社会实践中进行劳动奉献、实现自我价值。

二、陶行知劳动教育思想的当代启示

1. 劳动教育要贴近生活

"生活即教育"思想是陶行知生活教育理论的关键组成部分，是其劳动教育思想的基本内容。陶行知所谓的"生活"范畴，绝对不是狭隘的个人生活，实际上涵盖了从个人到社会到自然界整个有机体的全部，是包含人类所能实践的全部场所。目前，我们开展劳动脱劳动教育形式大于内容，劳动教育内容脱离学生实际的弊端，必须使劳动教育贴近现实生活、适应实际生活，进而才能以劳动铸就美好生活。

《中共中央国务院关于全面加强新时代大中小学劳动教育的意见》强调要以日常生活劳动为主要内容开展劳动教育，根据不同学段、不同年龄的学生组织不同的生活劳动内容。陶行知提出"我们要以生活为中心的教学做指导，不要以文字为中心的教科书"[14]。一方面，劳动教育的内容要贴近生活，以生活教材为指导。开展劳动教育要找准"生活"这一突破口和切入点，使教育内容来源于生活需求、贴近于生活实际，真正做到教育促进生活的发展。在劳动教育内容上，各个学科要秉持灵活性、开放性的原则，结合校园生活、家庭生活、社会生活为学生提供一个全面的课程内容体系。具体来说，要采取学生耳熟能详或亲身经历的事件为劳动教育的素材，在一次次生动的生活体验教育中端正学生的思想认识，培养正确的劳动价值取向。利用丰富多彩的生活内容对学生进行教育，不仅春风化雨、润物无声，而且会起到事半功倍、立竿见影的教育效果。另一方面，劳动教育的实践也要贴近生活。陶行知本身就是一位将劳动教育与生活实践紧密结合的践行者，他的劳动教育实践在"种菜、种麦、种树、养鸡、养鱼、纺纱、扫地"[15]等具体的生活实践中激发了学生的劳动热情，使他们在劳动体验中形成良好的劳动素养。让学生参与生活实践活动既是落实素质教育的要求，也是生产劳动与教育相结合的重要举措。开展好劳动教育实践活动要有步骤、分层次、针对性地进行，根据不同学生的身心发展规律和生活实践经验来引导学生参与日常生活劳动实践活动、社会公益劳动实践活动以及生产劳动实践活动，使学生在生活劳动中逐渐形成正确的劳动观和人生观。劳动之美在于实践，要让学生在具体生活实践中体悟劳动的真谛，在潜移默化中养成良好的劳动习惯。

2. 劳动教育要适应生活

陶行知提出我们的生活无时无刻不在发生改变，变化中的生活所包含的教育也要与之相适应。"是那样的生活，就是那样的教育"，[16]劳动教育是以生活为中心的教育，要不断适应生活所发生的变化。迈进中国特色社会主义新时代以来，以"互联网+"和"AI智能时代"为代表的新兴技术正促使着新时代劳动样态改变，无人驾驶、自动售卖机、物流机器人、护理机器人等的出现取代了大量的简单劳动、重复劳动、机械劳动。因而，新时代生活的改变对劳动教育提出了更高的标准，劳动教育要适应这日新月异的科技发展，在内容上要与时俱进，在方式上要灵活多样，在目标上要重点培养手脑结合、具有创新精神和实践能力的劳动者。

生活决定教育，教育要适应生活的发展并随着生活的变化而不断改变。信息技术和人工智能的快速发展对当代劳动者提出了更高水平的要求，新时代的劳动者不仅要热爱劳动、学会劳动，还要与时俱进、善于创新。首先，提高自主学习能力。在经济高速发展、科技快速提升以及知识的不断更新的当下社会，人们要想跟上时代发展的节奏就必须要不断学习，尤其是要进行自主学习。故而，劳动教育的内容、方法、载体等要不断地与时俱进，积极主动融入数字生活、智能生活，引导学生不断提高自身科学知识和劳动素养。其次，实现手脑并举。陶行知在劳动教育中主张手脑联盟，提

高中教学中运用"认知冲突"情境教学法研究

陈睿豪

摘　要：新课程改革倡导探索多样化的教学方式和方法，"认知冲突"情境教学法是创新教学法的重要成果。在教学过程中，教师通过"认知冲突"情境的创设，使得学生原有的认知结构无法同化新知识或解释新经验，学生由此产生认知冲突，在教师的引导下，学生在情境中解决认知冲突，认知结构进一步完善。近年来这一教学方式应用于高中课堂，提升了教学效率，深受师生欢迎，但其内涵和理论缺乏深入研究，仍然存在一些亟待解决的问题。通过内涵与理论分析有利于发现该教学法在教学中易出现的问题，并提出解决方案，充分发挥这一教学方式的优势，结合学科的基本特征，为培养和提升学生的学科核心素养服务。

关键词：高中教学；认知冲突；情境创设；应用分析

传统的高中教学突出教师主体地位，压抑学生的个性，教学方式单一，课堂缺乏活力。教师重视灌输知识，通过讲授教材教会学生基本的学科知识，评价方式主要为纸笔考试，学生发展需要被忽视，学生在学习过程中比较被动。高中阶段的学习知识量大、结构复杂且教学活动相对枯燥，使得学生逐渐丧失学习兴趣，学生学科核心素养的培养和提升成为高中教育教学的大难题，2013 年教育部启动了高中课程方案和课程标准修订工作，在修订工作的基本原则中强调"坚持反映时代要求。反映先进的教育思想与教育理念，关注信息化环境下的教学改革，关注学生个性化、多样化的学习和发展需求，

作者简介：陈睿豪，淮北师范大学历史文化旅游学院硕士研究生。

出要实现体力劳动与脑力劳动的结合。新时代的劳动教育当然不是简单的朴素劳动、体力劳动，而是要发展学生的思维能力和实践能力，发挥"手"与"脑"的相互作用，让学生"学会思考"和"学会实践"。最后，培养创新能力。科技与经济发展的必要条件就是创造性的劳动，创造性劳动能否实现，最终由创造能力决定。这就要发挥劳动教育的作用，通过教育、实践、锻炼来唤醒、激发和培养学生的创新思维和创新能力，进而使学生可以开展富有个性的创造性实践。

参考文献

[1][2][11] 陶行知.陶行知全集（第 2 卷）[M].长沙：湖南教育出版社，1985：633.

[3][8][9][14] 陶行知.陶行知全集（第 2 卷）[M].成都：四川教育出版社，2005：398，276，476，533.

[4] 檀传宝.劳动教育的本质在于培养劳动价值观［J］.人民教育，2017（9）.

[5] 陶行知.陶行知全集（第 4 卷）[M].成都：四川教育出版社，2005：34—35.

[6][7] 陶行知.陶行知全集（第 8 卷）[M].成都：四川教育出版社，2005：164，253.

[10] 陶行知.陶行知全集（第 1 卷）[M].成都：四川教育出版社，2005：89.

[12] 陶行知.行知书信集［M］.合肥：安徽人民出版社，1981：107.

[13] 陶晓光.回忆父亲给我的教育［J］.重庆陶研文史，2014（1）.

[15][16] 陶行知.陶行知全集（第 2 卷）[M].成都：四川教育出版社，2009：534，398.

促进人才培养模式的转变，着力发展学生的核心素养。"[1]因此，在教学过程中，重视学生这一学习主体的地位，充分考虑学生的认知结构，调动学生的学习积极性的重要突破点即变革传统的教学方式。运用"认知冲突"情境教学法构建情境，使学生在认知冲突中体会学科知识与现实区别与联系，丰富学生的情感体验，树立积极的学习态度，有利于培养和提升学生的学科核心素养。

一、"认知冲突"情境教学法的内涵

目前学界关于"认知冲突"情境教学法的研究比较有限，仅有几篇研究论文提及这一教学方式，且关于这一教学法的内涵阐释也语焉不详，有关论文仅对"认知冲突"的理论基础做了相应的介绍，[2]而对教学情境相关理论却没有相应的研究。也有论文分析认知冲突的产生过程，但认知冲突产生过程中学生的认知结构与反应却未涉及。[3]综上可见，学界关于"认知冲突"情境教学法的相关内容缺乏系统的阐述与研究，认知冲突与情境教学被割裂，导致教学活动既无情境又无认知冲突，教师应用这种新型的教学方法，并无明显收效，反而导致教学效率低下。问题频出，主要是由于该教学法的研究与应用都缺乏相应基础，教师对认知冲突与情境教学缺乏理解。通过对认知冲突教学法与情境教学法基本特征的分析以及研究大量教学案例的成果，笔者认为"认知冲突"情境教学法事实上是情境教学法的一个重要的分支，其理论基础主要是建构主义教育理论、人本主义教育理论与结构主义教育理论，重视学生认知结构的发展与学生在学习活动中的主观能动性。在这一教学法中，认知冲突的发生尤为重要，认知冲突有利于激发学生的求知欲，调动学生的学习思维，激励学生参与课堂学习，从而推动学生知识的自主建构。而学生产生认知冲突后如何解决这个冲突，如何将认知冲突达到认知平衡状态，在认知内驱力的驱动下学生在怎样的情况下调整认知主体原有认知结构，达到一种更高级的新的认知平衡。在这种情况下，情境教学法独有的特征情境参与性与趣味性将发挥重要作用，在学生平衡自己的认知冲突时将发挥重要的作用。各种类型的情境设置使高中生充分利用自己的思维能力，发表自己的见解，同时在教师的引导下，学生对学习的态度从"要我学"到"我要学"，在充分的互动与探讨中学生认知结构进一步完善。

二、"认知冲突"情境教学法应用在教学中出现的问题

教学方法在不断地探索与实践过程中，逐步推进高中教学活动发展。"认知冲突"情境教学法应用于高中教学，既充分考虑了高中生的学习思维特点，也符合高中阶段的教学规律。在课堂中能够充分整合高中教学各个要素，激发学生的求知欲，缓解繁重的教学任务，突出高中教学重难点，提升课堂学生参与感与获得感，师生之间充分协作，共同探究，学生在这个过程中不仅收获了知识，而且转变了学习方式，教学效率得到极大程度提高。

但高中历史教学课堂知识结构复杂，学生情况存在差异且教学任务较重，教师在应用"认知冲突"情境教学法过程中难免出现考虑不周的情况，因此在应用"认知冲突"教学法进行教学时，教师应充分关注课程方案的要求、学生的认知结构状况、高中教科书等可能出现问题的地方，尊重"教师主导、学生主体"的原则，促进学生认知结构的完善。

高中课程方案中指出："学生能否应对和解决陌生的、复杂的、开放性的真实问题情境，是检验其核心素养水平的重要方面。"[4]学生学科核心素养的培养是教学的重要任务，"认知冲突"情境教学法为学生提供情境，助力学生学科核心素养的提升。但在应用过程中由于学生的认知结构差异较大、教学整合有一定的难度、融入情境需要时间等原因，使得教学效率低下。同时表现在教师未能充分考虑全体学生的认知结构，学生缺乏相关学科常识、抽象思维处于形成过程中，进入情境比较困难等方面。学生对新型教学法的步骤与认知冲突情境可能感到陌生，出现了情境参与困难、认知发展缓慢等情况。教师是高中教学的主导者，教师在教学设计和教学活动中起主导作用，教师是课程观念的主体，也是课程实践的主体。但由于教师也是单一的个体，无法充分考虑各个要素，在各个环节容易出现一些问题，其一，教师设置的"认知冲突"情境无法与学生实际的学习需要吻合。"认知冲突"情境需要深刻了解学生现有的认知结构，充分发掘教材中与学生的认知结构中相矛盾之处，并利用教学艺术在教学过程中不知不觉地激发学生的认知冲突，充分构建情境，同时教师在情

境构建中充分引导。其二，教学方法单一，教学策略无法有效实施。"认知冲突"情境教学法的使用对教师和学生的素养要求比较高，要充分发挥教学方法的作用必须间接与其他教学方法配合使用，如角色扮演法、合作探究法等学生乐于接受的体验式教学法。其三，在"认知冲突"情境中教师缺乏引导造成教学无序化。在教学过程中，教师应该关注学生的个性化表现，并加强引导，促进学生的认知结构发展。

"'情境'成了核心素养课堂教学改革的重要目标、内容、和抓手，情境教学法也成了学科核心素养教学的重要策略。"[5]"认知冲突"情境的设置是"认知冲突"情境教学法的核心，这是充分利用教学情境中的教学要素，促进学生核心素养的培养与提升的关键，但情境的创设是一个复杂的项目，认知冲突与情境往往会出现极端偏差。诸如"认知冲突"情境教学法中的认知冲突设计对教师要求过高，"认知冲突"情境创设中的出现材料滥用，教师给学生观看的影片对情境的设置虽有一定的作用，但是影片中的事实与相关的论述的真实性有待进一步的考证。教材中的观点与教师呈现的观点冲突，使学生一时间无法理解相关的内涵，对问题的解决无益。

三、高中教学应用出现相关问题的解决对策

"认知冲突"情境教学法虽然充分吸收了认知冲突教学法与情境教学法的合理内核，也能融合教学情境中的各种要素，最大程度地提升学生的课堂参与度，激发学生的学习热情等。但在教学实践中仍旧出现了各种各样的问题，使得这一教学方法的优势无法发挥作用。教无定法，贵在得法，在深刻认识到这一教学方式的不足之后，找到解决这些问题的方法尤为重要。针对这些问题，笔者拟从教师的综合素养提升、学生的基础知识巩固、深化教学法研究等方面进行对策分析，以期这一教学法能够在高中教学中充分发挥其优势，为高中教学活动的更好呈现提供思路。

高中教学的核心是学生，目的是促进学生全面发展，教学活动是师生共同成长的过程。"离开了人、人的发展，知识和学科的价值也就丧失殆尽了。这就要求我们不能只在学科本身做文章，在学科的知识体系和知识点上下功夫，而是要深入学科的内核，挖掘学科的独特育人价值，在培养学生学科核心素养上聚力发力。可以说，以核心素养为导向，重新认识学科、发现学科、组织学科、建设学科是当前深化课程改革的重头戏。"[6]这就要求教师必须明确高中教学的基本内容，实施基于立德树人的教学，充分挖掘学科中蕴含的育人素材。部编本高中教科书中涉及的主题众多，内容非常丰富，利于教师从多方面解读，而教学方法的创新性使用是教师引领课堂，实现教学目标，培养学科核心素养。为此，"认知冲突"情境教学法出现的问题要求教师、学生与学界应当从以下几个方面进行完善。

教师首先要遵循课程方案要求，理解核心素养内涵。2020修订版高中课程方案与2022义务教育课程标准已经陆续出台，新版的课程方案以立德树人为根本任务，充分吸收21世纪课程改革以来的宝贵经验，借鉴国际课程改革的优秀成果，是构建具有中国特色的普通高中课程体系的重要指导文件，也是符合我国实际情况的纲领性教学文件。课程方案中学科核心素养这一要素的提出是促进教学改革的重要抓手，教师是否深刻领会课程方案的内涵在一定程度上决定了教学实施的效果。"认知冲突"情境即是重要的教学情境，学生产生的认知冲突对完善学生认知结构，所以教师在情境的创设中要积极渗透学科核心素养，促使学生在"认知冲突"情境中解决问题，充分发挥教师和学生的作用。同时将"认知冲突"情境教学法运用于各教学环节，充分发挥这一教学法的作用。其次要树立课程意识，挖掘教学资源。在教学中，教师不仅需要树立教学意识，还需要树立课程意识，教师要从课程的角度去理解整合课程中涉及的各种因素，以"认知冲突"情境教学法为重心作为教学实施途径，将课程资源充分整合在教学实施过程中，充分发挥自己的能动性与创造性；以学生为中心设计教学，重视教学过程中师生之间的学习体验，在学生的认知冲突，发生时积极引导学生进行思考，在情境中解决学生的认知冲突，完善学生的认知结构，在教学中充分进行教学对话，发挥教学的价值。最后要深入研究教材，切实分析学情。教科书在立德树人、培养学生综合素养等方面具有重要的地位。在部编本的教材中编者设置了单元导语、学习聚焦、探究与拓展等大量激发学生学习兴趣、利于培养学生核心素养的栏目。教师的教学意识与课程意识都是教师发挥自己的教学观念进行教学实践的重要内容，无论在教学意识还是课程意识中，无法避开的即是教师对学生这一学习

主体的关注，教师在完成自己的教学任务同时也要关注学生的发展需要。教师对事实的认知与学生的认知存在差异，在教学中教师要充分考虑学生的认知结构能否完成对知识点的学习，切勿将自己的想法强加于学生。随着时代的发展变化，中学教师不再是传统意义上的教书匠，而是提升学生核心素养的引路人，推动教育发展的重要一员，完成立德树人育人目标的重要中介。这要求教师在教育理念、教育思想、教育方式、思维方式、专业素养等方面都需要做出非常大的改变，才能适应新时代的教育发展。

学生则首先要做到夯实基础知识，转变学习观念。课程方案对高中生通过课程学习需要培养的精神观念与学科核心素养提出了非常准确的要求。学生在课程中不仅需要学习基本的知识，而且要能够通过知识的学习，提升自己的素养，升华自己的精神世界。学生要坚持基础知识学习，一旦离开了基本的知识，能力的培养就只是空中楼阁。教科书是学生进行学习最重要的学习材料，是基础知识重要的来源之一，学生基础知识的奠基最重要的便是吃透教科书中蕴含的知识，对教科书中的基础知识要足够重视。其次要逐步转变学习观念，随着新课改的步步推进，教师的教育观念已逐渐更新，学生却因为以往学习观念的深刻影响，在家庭和社会错误的指引下被禁锢在旧的学习观念中。在"认知冲突"情境中充分发挥主观能动性重视"认知冲突"解决的过程，在情境中加强与教师和同学的合作，充分利用教学资源提升自己的学科核心素养，形成完整的思维体系。最后要不断更新学习方式。课程方案对学生的学习方式的改进提出了明确的要求。在教学实施过程中，学生要充分发挥创新精神，学会探究，对探究的论题进行集中的谈论，广泛地开展活动，积极学习。此外，在新型的学习方式，诸如深度学习、拓展学习、体验学习、网络学习、开放学习、项目学习、微课学习与翻转课堂等学习方式中充分发挥自身的智慧，挖掘自己的潜力。在"认知冲突"情境的学习中，学生要充分利用认知结构在情境中完善的过程，积极参与情境，加强老师与同学的互动，培养和提升自身的学科核心素养。

同时学界也要进一步加强理论探讨，重视教法研究。二十一世纪以来，关于中学教学法的研究在不断拓展。但教学法研究缺乏基本理论研究，教学法要立足学科的基本特征，坚持以人为本、立德树人的导向，"认知冲突"情境教学法的理论来源需要进一步探讨，关于认知冲突设置的要求、学生"认知冲突"产生的机制、已有的认知结构的评判、认知结构的完善途径等问题都有待进一步探讨。而认知冲突与情境创设如何进一步有机结合，自然融入教学中，情境的创设与认知冲突产生的先后问题。"认知冲突"情境教学法在教学法中的归属问题等都有待进一步研究。这有利于该教学法在教学活动进一步发挥作用，为培养和提升学生学科核心素养服务。

"认知冲突"情境教学法是教学法交叉研究的有益成果，其充分吸收认知冲突教学法的合理内核，为学生的学习提供方法论基础。"认知冲突"情境教学法应用于教育教学中，充分考虑到了高中生的学习特征与已有的认知结构，能够充分发挥激发学生学习动机、引起学生学习兴趣与培养学生学科核心素养的作用。但是教学无定法，贵在得法，教学活动的成功实现是众多因素发挥作用的结果。教学法本身也有一定的局限，所以在教学活动中，教师要不断提升专业素养，充分研究该教学法应用在教学中的合理性，取其精华，去其糟粕，最大程度地发挥"认知冲突"情境教学法在高中教学中的效用。

参考文献

[1][4]中华人民共和国教育部制定.普通高中课程方案（2017年版2020年修订）[S].北京：人民教育出版社，2020：2—3.

[2]薛琴."认知冲突"情境教学法在中学化学教学中的应用[J].中学教学参考，2021（29）：74—75.

[3]唐晓春."认知冲突"情境教学法在高中生物教学中的应用[J].中学生物教学，2015（11）：10—12.

[5]黄牧航，张庆海：中学历史学科核心素养的教学与评价[M].北京：人民教育出版社，2020：164.

[6]余文森.从"双基"到三维目标再到核心素养——改革开放40年我国课程教学改革的三个阶段[J].课程·教材·教法，2019，39（9）：40—47.

谈陶行知教育思想引领下的学校心理健康教育

孙 佳

摘 要： 育人贵在育心，心理健康教育对学生的成长的重要作用不言而喻。近年来，学校在陶行知教育思想的引领下，本着全员参与、面向全体、矫正预防与全面发展相结合的原则，通过场域营设、主题活动、学科教育、管理机制的创新实践，拓展了心理健康教育的实施路径，取得了显著的成效。

关键词： 陶行知教育思想；心理健康教育；实施路径

陶行知先生的"知行统一""民主平等""爱心教育"的基本理论，对于当下的心理健康教育研究有着很大的指导意义。他通过优化环境、学生自治、集体生活、劳动教育、学科渗透等方式拓展了心理健康教育的实施路径。据此，笔者在实践中将知识的理解感悟与环境的心灵润泽相结合，将品质的养成活动与学校的特色课程相对接，将专业的心理辅导与平时的课堂教学相贯通，将学校的训练要求与学生的自我管理相融合，取得了一定的成效。主要策略如下：

一、文化育人：心育工作从知识传授走向生命涵养

陶行知先生曾经提出过这样一个观点："处处是创造之地，天天是创造之时，人人是创造之人。"而文化是一种精神，一种氛围，一种内隐，是一种极具吸引力的亚文化系统。改变人的心态，首先就要从改变个体的周边场域开始。在实践中，我们做了以下两点工作：

1. 环境建设，创造积极的班级文化。学校致力于"特色中队"建设，每班都有独特的班级名片。中队口号、中队目标、班歌、班主任寄语等独特的班级标识设定，无不是以培养学生好奇心、好学、勇敢、乐观、友善、集体责任感等积极心理品质为目标的。在一致的价值认同、信念目标的引领下，班集体的每一位成员得以凝聚在一起。

学校为每一个班级购置了"心语信箱"，出台了信箱使用制度，进一步激发了学生的求助动力。班主任、心理教师则通过"心语信件"，帮助学生舒心解疑。

2. 多方宣传，营造良好心育氛围。学校积极响应上级部门通知，大力宣传普及心理健康知识。充分利用家长交流群、微信公众号等平台宣传《家庭教育促进法》，推送心理健康教育相关知识，并及时转发至家长群，让家长一起共同学习，着力加强挫折教育、生命教育，指导家庭开展教育。

二、主题育人：心育工作从零散机械走向科学高效

陶行知先生在生活教育理论中曾提出，教育就是要培养出"真善美和谐"的人。人们需要将所学的知识变成自己的技能，以更加积极的人生态度生活、工作。近两年，学校以素质教育为中心，实施了以"生命教育"为主题的育人模式，把"生命教育"育人模式的目标定为：帮助学生建立健康的生活理念，形成和培养其良好的生活、学习习惯，从而提升学生的社会适应力，为孩子的幸福人生奠基。着力构建了"一个中心""两个基本点""三个支柱"的新发展格局，积极探索"生命教育"为主题的育人实施路径。

一个中心。即以"立德树人"这个根本任务为中心。

两个基本点。一是理念育人。培育心理健康学生的前提是教师的心理健康。教师对自己生命

作者简介： 孙佳，江苏省无锡市查桥实验小学教科室主任、高级教师。

的价值与意义的了解和尊重是打开生命教育之门的钥匙。学校工会先后组织"光影斑驳，与美邂逅""雅迪年度教师颁奖""讲述身边优秀教师的故事"等形式多样的活动，帮助教师树立正确的生命观，教育学生善待生命、完善人格、健康成长。二是制度育人。要以制度文化为平台，展示"生命教育"精神。以《小学生日常行为规范》为指导标准，制定了一系列切实可行，凸显人文关怀的制度，如《博雅少年评选方案》《特长生奖励方案》《贫困生资助方案》等。

三个支柱。一是晨会、心理班队会。这是班主任在班级工作中常用的方式，也是将心理健康知识传播给每一位学生的好途径。在单周的星期四，由班主任根据既定的主题组织心理晨会教学内容，其中既有富含哲理的小故事，也有生活中的真实案例，令人深思。在双周的星期三，由班主任根据既定的主题组织心理班队会教学内容，先后组织开展了《珍惜生命教育》《挫折教育》《心理健康知识普及》等专题班队会。二是知心姐姐小广播。在双周的星期四，由兼职心理教师为全校师生做心理讲座。针对学生心理调适、人际关系处理、考前心态调整等主题，学校专兼职心理老师共开设心理健康教育讲座 20 余场次。三是团体沙盘活动。根据学校心理教师的师资状况，制定心理咨询室教师轮换值班表，保证每日开放 2 小时以上；再将三—六年级各班活动时间统筹制表，发放邀请卡，每次活动每班有 8 人参加，以使学生放松心情、缓解压力。

三、全课育人：心育工作从学科教学走向学科教育

陶行知生活教育理论告诉我们：生活即教育，社会即学校，教学做合一。教师要基于生活教育理念将学科育人思想融入其中，发挥学科的育人价值。学生积极心理品质的养成不仅是心理辅导课的任务，心理健康教育也不仅是心理辅导教师或班主任的工作。为达到全员育人的目标，学校主要基于两个维度实现了将心育工作从学科教学走向学科教育的迭代升级。

1. 学科渗透。课堂是育人的主要阵地，学科教学是学校工作的中心环节。因此，学校要求教师要将心理健康教育渗透于课堂教学之中。以英语教研组为例，因近两年学校采购了 5000 余册绘本，英语教研组就依托现有资源，探索了"英文绘本"阅读教学，积极挖掘绘本中的育人价值，有效将心理健康教育融入英语学科教学之中。

2. 活动育人。学校将心理健康教育融入于活动之中，让学生在生动活泼、形式多样的活动中，达到潜移默化的浸润和熏陶的教育效果。学校先后组织了"校园舞验收比赛""雅迪公司研学活动""稻田割稻劳动实践活动""童心唱响中国梦""冬季趣味运动会"等众多活动。在活动中，学生的身心得到锻炼，心理品质也得以提升。

这众多丰富多彩的集体活动从各个层面促使学生的良好心理品质得以持续巩固，真正实现从知识至上走向素养至上，从学科教学走向学科教育的华丽转变。

四、管理育人：心育工作从浅层参与走向深度融合

陶行知教授的"人生课堂"也强调，人生既是私有的，也是由秘密在群体中完成的，人生课堂经由群体施予自我巨大的德性作用，并由人格自觉地把德性作用内化成自身品质。为了改善当下德育工作存在的弊端，激活学校的育人生态，学校首先就应打破时间、场域的限制，让更多承担不同角色的人员深度卷入心理健康教育工作，形成教育共同体。我校基于宏观擘画、中观整合、微观主体这三个层面做了以下工作：

1. 顶层设计

为切实加强学生心理健康教育工作，及早预防、及时疏导、快速干预、有效控制学生中可能出现的心理危机事件，减少学生因心理危机带来的生命损失，促进学生健康成长，我校先后制定了《心理危机干预应急预案》《学生心理危机干预实施方案》《心理健康教育工作方案》《心理咨询室管理方案》《心理教师工作职责》《班级心理委员制度》等系列方案，使学校的心育工作更规范、更高效。

2. 资源整合

在学校尚未有条件配备专职心理老师的状况下，如何专业地帮助这些孩子？如何减缓任课老师的教育压力？如何协调好家庭、学校、社会三者的关系，使之形成更强有力的教育合力？我们认识

从"创造教育"思想到"幼儿创意学习"课程建构

陈 栩

摘 要：创造力是人类"才能之精华"，创造教育涵盖"基于行动的教育"和"创造力培养的教育"。幼儿创意学习课程是"幼儿创造力"培养的课程，在创造教育思想下，从理论内涵展开演绎。创意是幼儿期创造力的萌芽，在实践活动中调动多元经验，产生新想法的过程；建构创意实习场是方法演化过程，是教学做合一之书，劳力上劳心之地，平等民主之境；实施幼儿创意学习活动是过程验证，师幼共建活动空间、共创活动项目、共评活动的过程，有助于实现"手脑双全"的创造教育目标。

关键词：创造力；创造教育；幼儿创意学习；教学做合一；创意实习场

陶行知先生一生致力于旧教育的改造，新、旧教育之分，关键在于"视其发明能力之如何耳"。[1] 他提出了"创造的教育"和"创造教育"两个概念，"创造的教育"是基于行动的学校教育，"行是知之始，知是行之成"更强调"行动"的重要性，主张"行动是中国教育的开始，创造是中国教育的完成"，倡导学校教育要在"行动"中实现"手脑双全"。"创造教育"是指"创造力培养的教育"，他认为"创造力"是人类进化所得"才能之精华"，"创造教育"的思想核心就是培养儿童的创造力。呼吁成人要"加入小孩的队伍"中，认识小孩有力量、解放儿童创造力、培养创造力。[2]

时至今日，陶行知先生的创造教育思想始终指引着学前教育理论和实践研究。当下，学前教育进入了以质量为核心的新发展时期，幼儿教育质量的核心集中表现在每一个幼儿学习与发展的质量上。[3] 2022 年教育部在《幼儿园保育教育质量评估指南》中提出"相信每一个幼儿都是积极主动、有能力的学习者"，再次强调了幼儿的主体性、主动性和与生俱来的"学习力"，正如陶行知先生所言"木有取去复萌，层出不穷之力"，即人的创造力。可见，"儿童创造力"培养始终是高质量学前

作者简介：陈栩，江苏省无锡市机关幼儿园党支部副书记、副园长。

到要向外界寻求更多专业教育资源的有效链接，为需要的学生及家长提供更专业的服务和指导。于是，"学校社工"进入了校园，每周一下午是社工来校工作的时间，我们称为"相约星期一"，由心理教研组根据学生、任课教师或家长的预约，安排社工进行专业指导（或开展心理教育主题活动）。两年来的实践证明："学校社工"的专业能力、专业方法、专业视角可以有效为学校的心理健康教育助力，成为学校教育有力的补充。

3. 朋辈互助

四—六年级每班设两位心理委员，男女各一名，组成心理小社团。心理教研组长朱老师则负责定期对各班心理委员进行培训，每学期不少于两次。心理委员日常要了解班级同学的心理状态，发现问题能第一时间向班主任报告，填写班级心理状态晴雨表，并每月定期与朱老师交流班级情况，协同班主任及心理教师共同对有需求的学生实施帮扶。

心理健康教育的蓬勃发展为落实"立德树人"这一根本任务提供了新思路和新理念。她能够营造一种温暖的气氛，产生一种神奇的磁性，让人潜移默化地接受某一种价值理念，行为也因此产生微妙的趋同性改变。正如陶行知先生所言："像屋檐水滴那样，点点一滴，滴着阶前石。"要相信，每一个孩子都有美好的未来。

教育追求的目标。那么，幼儿园创造性课程应该是什么样态，我园在十多年课程建设探究中，形成了"幼儿创意学习"课程的园本化实践。

一、内涵演绎：幼儿创意学习

创造教育能够从学前阶段开始吗？这个问题开启了我们的课程实践。我们逐本溯源，回归对幼儿认知学习的本质问题的探讨：幼儿认知学习是如何发生的；幼儿阶段的"创造力"是如何呈现的；与成人创造力的区别和差异在哪里。我们首先对"幼儿创造力"的基本特征展开思辨。

1. 创造力与幼儿创意的内涵辨析

创造力的本质论。陶行知先生说"儿童的创造力是千千万万祖先，至少经过五十万年与环境适应斗争所得而传下来之才能之精华"[4]，他指出了"创造力不是少数天才才有的特殊能力，而是每个人都具有的一种自然属性和内在潜能"。这与众多心理学家的观点相同，马克思把自觉自由的活动看作是人类的特性，"其实质上是一种有意识的、超越的、创造性的实践"；雅斯贝尔斯认为"人不是一种代代重复自身完成了生命……而是打破了恒久重复的、消极的同一循环，依赖于人自身的主动性，使生命进程走向了一个未知的目标"[5]。人人都有创造力的观点得到普遍的共识。

创意是幼儿期创造力的萌芽。创造力是人的一种认知心理与内在潜能，因此具有内隐性。幼儿期受到身体动作、语言表达和知识经验发展水平的限制，不能通过完成具有社会性价值的显性创造物让成人看到幼儿内在的创造力，但能发现幼儿经常表现出独特大胆的想象与创作。如"绿色的太阳""会飞的房子""超能力英雄"等，可见，幼儿能够创造性地将两个看似无关的事物，借助自身已有经验，进行创造性的意义链接，从而产生独特的念头和行为，即创意。"创意"作为动词使用是指新奇意念的产生过程。作为名词使用则指创造性的意念，新奇的构思本身。[6]幼儿创意，是指幼儿独特个性的想法和表达。

2. 创造力与幼儿创意学习的过程剖析

创造力是什么，陶行知先生用"荒岛取水"和"宝玉铲荷叶"两则故事，来解释"物质创造"和"心理创造"的过程，即行动—思想—新价值，就是实现完整创造的过程。[7]《幼儿教育辞典》将"创造力"释为：按照一定目标，运用已积累的知识经验，进行科学加工创造，生产具有社会价值或个人价值的新概念、新知识、新思想和新产品的能力。[8]上述两者对创造力概念的阐述，均是从创造的认知心理展开过程和创造行为产生的结果来界定"创造力"。因此，创造力伴随和推动着人认知心理过程的展开，通过创造行为结果可以验证创造力及发展的程度，创造力是需要通过对行动观察和分析来阐述的。

幼儿创意学习是什么，可以从幼儿的认知心理过程来分析。如幼儿发现一根木棒，会看、摸、闻，并上下前后地摆弄，一会儿想象成飞机，一会儿是在滑冰、一会儿用钥匙开门……在探究木棒的过程中，幼儿通过多感官的操作，对木棒展开多方位的观察比较，再结合自身已有的知识和经验，得出对木棒独特的新认识，这个认知过程和成人实现创造的过程异曲同工。区别在于，幼儿创意学习的过程以实现满足个人价值的新概念为目的。幼儿创意学习过程即创造力运用和发展的过程是指，即幼儿个体在"自由自觉"的实践活动中，带着强烈的好奇心和探究欲，在解决问题时充分调动多元经验，不断产生新想法和观点的过程。

3. 创造力与幼儿创意学习能力培养的基础思想

创造力如何培养，陶行知先生认为，中国旧教育存在僵化、脱离实践、扼杀创造力等现象，应展开拨乱反正和"逆向思维"，以"行动"为创造教育的核心，行动即"做"，做即劳力，重在发展双手；做的过程才会产生问题，伴随"思想"产生，强调"行是知之始"，打破"端坐静默"的教育模式，才能实现劳力上劳心和手脑双全目标。并提出成人和教育工作者要充分认识儿童创造力，解放儿童创造力的新儿童观（解放头脑、双手、嘴、眼睛、空间、时间）；要保障儿童身心成长的营养；培养学生生活力；要因材施教；要宽容与理解学生；让学生玩科学实验的新教学观。[9]形成了创造力培养的教育思想体系。

幼儿创意学习能力培养是基于认识儿童、解放儿童、支持儿童的创造教育思想的传承创新。认识儿童是前提，如"小孩拆金表而挨打"就是对儿童创造力的误读，只有成人改变对儿童的认识才能解放和支持儿童。陶行知先生用两则"小孩改诗"的故事，证明儿童有创造力，也启示我们要为儿童提供展示创造力的机会，否则儿童的创造力无用武之地。生活、社会就是创造教育的活场域，正如当代情境学习理论提出"知识是情境化的，通过活动向前发展的""学习发生在情境中"。[10] 23 幼儿创意学习能力发展并非在头脑中，不能由教师传授而成，是在思想和社会文化环境互动中发生的，与广泛的生活世界相联系。[11]

二、方法演化：幼儿创意实习场

《创造的儿童教育》文始说道：发挥或阻碍，加强或削弱，培养或摧残这创造力的是环境。教育要在儿童自身的基础上，过滤并运用环境的影响，以培养加强者创造力……[12] 提出"环境"对创造力发展的影响，幼儿创意学习发展需要什么样环境，幼儿园创意实习场环境建构研究孕育而生。

1. 教学做合一的幼儿创意学习之书

人类学习发生之初是来自遗传性的反射性活动，如吮吸、抓握，"动作"是幼儿认知学习的起点。[13] 对幼儿来说，教、学、做不是三件事则是"做"的一件事，是边做边思边学三者互相裹挟的行动。当下，幼儿园课程划分了五大领域，但教师如果心中没有教学做合一的意识，将健康、语言、社会、科学、艺术的教学各自为政，那就倒退至百年前陶行知先生所说的"死教育、死学校、死书本"。教学做合一是生活教育法，也是教学法，[14] 幼儿期的学习与发展是整体的，幼儿园课程教材要写的是"生活与环境相结合"之书，包含幼儿教学做合一的理论、目标、方法、工具和内容。

设计幼儿园创意实习场的"活"教材，实习场是当代心理学中关于学习环境的隐喻，是知识或经验的应用场所和物质空间。创意实习场由实习场概念引申而来，即为支持幼儿灵动学习而设计动手、动脑的拟真问题情境实践平台和场域；涵盖"知识"的多重特性；不仅是物质空间，还包含"非物质环境因素"，是学习环境设计与教师教育计划的结合，将学习环境中的问题、情境、工具、资源和学习者融入教师教育计划、教育内容和教育策略。[15] 幼儿园创意实习场是"活"教材的核心在于蕴含了复杂性、可变性和开放性，能激活兴趣、激发行动和激生思想，是师幼参与有效行动的生活、运动、游戏、学习的环境。

2. 劳力上劳心的幼儿创意学习之地

"野人的生活是最富于问题的"，可见，从事劳力的动机产生源自对基本生活需要，只有解决人急迫需要的"劳力"才不是盲行盲动，在解决需要的问题中就会积极地思考和创造，这时行动就真是"劳力上劳心"，具体表现在"劳力"的过程中发现工具的重要，寻找工具、使用工具、制作工具、发明工具，真正地在以心思去指挥力量，使能轻重得宜，以明对象变化的道理，这种就是改造世界的能力。[16] 要实现"劳力上劳心"的教育是有条件的，必须具有"问题"情境，如果问题太简单或者没有价值（伪问题），是无需或甚少"劳心"比如机械读背默抄知识的"伪劳力"。

幼儿最急迫的需要是"玩"，游戏是幼儿园的基本活动。幼儿创意实习场是能让幼儿"劳力上劳心"的游戏场。一是物质性，以满足幼儿天生探究材料的心理，包括生物环境（种植、饲养）、装饰环境（艺术、美化）和物质材料（玩具、自然物、工具设施）；二是拟真性，生活场景的再现，包含真实生活情境的问题；最后是可感知性，能够被幼儿看、听、摸、闻，让幼儿产生好奇和探究。[17] 创意实习场环境是教师精心设计的，蕴含无数玩的"问题"，当幼儿观察植物生长、摆弄盒子、搬运玩具，在努力"玩"得开心的过程中创意就产生了，有趣的对话、独特的作品、美妙的动作……都呈现幼儿"用心"的思考和表达。

3. 民主与平等的幼儿创意学习之境

"创造的民主是动员全体的创造力，使每个人的创造力得到均等的机会，充分地发挥，并且发挥到最高峰""民有、民享、民治"[18] 是陶行知的实施民主教育的主张，强调了受教育者的主权性、独性和参与权。"民"指"每一个人"，民主的创造是实现每一个人创造力的发展，追求民主必然是追求平等的，人人有公平的资源和机会，这就回归到了学校教育的最终目标。创造的民主是教育的目标，民主的创造是教育的途径。民主教育的方法体现在，要用多种方法、因材施教让学生自觉起来，因此，需要民主的教师。怎样成为民主教师呢，要虚心、宽容、与学生的同甘共苦、向民众、小孩学习，[19] 就是建构学习共同体。

幼儿是创意实习场的核心主体，建构幼儿为中心的学习共同体，是由幼儿的学习方式所决定的。学习共同体指"有共同关切、共同问题或对某一主题有共同兴趣的一群人，通过持续彼此间交互来加深各自的知识和能力"。创意实习场中的学习共同体包括教师、幼儿、家长等其他社会成员，任务是让所有幼儿参与到问题探究中来的；提供有趣和挑战的思路、想法，推动幼儿进一步思考；营造气氛让幼儿能随时表达自己的观点；让幼儿对自己的认识和结论做判断。[20] 成员间展开深度情境互动，通过彼此倾听、描述、表达和对话，包容和理解不同观点，逐渐建立尊重、信任、欣赏的人际关系，实现幼儿创意学习的民主教育之境。

三、过程演证：幼儿创意学习活动

在学校创造教育实施过程中，教材内容要设计让学生手脑参与的内容，现场看学生是否在做手脑共同参与的活动，再观察分析学生手脑参与的程度高低，最后来评价每一个学生是否得到了手脑双全的发展。[21] 创造教育的特征是我们开展幼儿创意学习活动的内在逻辑。

1. 师幼共建活动空间促进"手脑参与"

"生活即教育""社会即学校"的主张让学生有了走出教室、放下教材，开展"手脑参与"活动的机会。1931 年后，陶行知先生亲自创办了"自然科学园"，将学校教育与社会生活连接起来；创办了"劳工幼儿团"，让学习与生活融为一体，幼儿劳动与自己生活紧密相关的，吃穿住行每一件事都是学习行动；首创"小先生制"[22] 让小孩教小孩，不仅要做还要想如何教，"手脑参与"的机会就产生了。因此，我们把幼儿园一日生活作为"手脑参与"的课程内容，幼儿园每一处空间作为"手脑参与"的改造对象，师幼共同建构一座支持幼儿不断涌现灵动想法的"幼儿创意学习乐园"。

建构"魔豆乐园"的实践样态，对园所空间进行创造性改建，横向占地 9801 平方米、纵向建筑面积 7484 平方米，整体呈现大型嵌套式模型。内含四类物理空间：回形、L 形、方形三种集合空间；厅、廊、井三类关联空间；魔力工场、魔法花园为嵌套空间；纵横两个维度的六个开放式空间。"乐园"之乐，一是以幼儿归属感为建构起点，场域名字均来自幼儿：格子广场、大树基地、脚丫沙池、彩虹楼梯、弯弯木道等全覆盖；二是以幼儿自由、自主探究活动为质点，提供生活性资源 4 类 34 种、自然性资源 2 类 28 种、文化性资源 2 类 22 种，满足每一个幼儿的操作需要；三是根据幼儿需要不断变化和重组空间，在改变中实现创造。

2. 师幼共创活动项目增强"手脑并用"

陶行知先生举例说：惟其行动，行不通时方觉困难，后面才有杜威关于思想反省的五步。[23] 可见，行动中的"问题"是"手脑并用"的关键。幼儿学习环境中蕴含"问题"，"问题"可以是教师设计的，也可能是幼儿在行动中出现的；问题有大小之分，有时在解决一个大问题时会产生无数个小问题；问题有难易之分，有的问题只需一两步就解决了，有的需要很长时间、很多人、用很多工具材料才能解决。教师要鼓励幼儿发现问题、交流问题、思考问题、解决问题；教师要会设计问题，通过操作材料将幼儿探究的问题隐藏其中；教师要会回应问题，要因人而异，多做问题引导式、深入式、启发式回应。

创意学习活动中一般有三类问题，有为解决游戏需要产生的问题，如班级收集了各种车玩具模型，但发现展示空间太小，幼儿就自己讨论设计了立体的停车场；有在制作材料过程中出现的问题，如剪刀开洞，把两个小洞变成了一个大洞，修改后大洞变成了蜘蛛侠的大眼罩；有在生活活动中产生的问题，如阅读区的电脑如何打开，幼儿和同伴一起制作了"电脑开机手册"等。每一个问题的解决都是幼儿"手脑并用"的结果，呈现幼儿自主经验迁移与新经验建构的过程。教师要及时观察捕捉幼儿活动中的问题，通过显性的语言动作或隐性材料引导，推动幼儿持续地行动和思考，共同建构以幼儿学习为中心的项目式研究活动。

3. 师幼共评活动过程实现"手脑双全"

陶行知创办的育才学校重视学生三大能力培养：自我批评、总结能力和自我教育精神，[24]自我批评关联学生的自我反思能力，总结能力是梳理经验和提炼能力，自我教育则是实现自学、自强、自治，三大能力都不是"知识会考"下教育能够实现的，而是"手脑双全"的综合表现。学生能力发展评价必定要通过教师对其实践行动的过程考察才能获得，"创造的考成要考生活的实质，不是纸上空谈"，[25]百年前就提出了"有何证据"的循证评价方式。创造的过程是行动、思想和新价值产生的过程，人头脑中的认知和经验需要通过外部行为的捕捉，运用倾听、观察、反思等多种方法，在连续的师幼互动中来实现。

幼儿创意学习能力的培养，指向创意精神、创意品质和创意能力，具体呈现五项核心表征：积极主动、个性表达、协商交流、发现探究、解决问题。教师如何发展支持创意学习能力，前提要充分了解幼儿当下的发展水平，采取行为采样、日常观察、倾听记录收集相关信息，如教师与木工区游戏的幼儿边互动边记录（见表1），从记录的幼儿动作和对话语言来分析，可以看到幼儿在持续加工过程中实现了新经验的积累，能感受到幼儿情绪是愉悦的、语言表达是独特的。幼儿主动多次发现问题并积极地尝试解决，获得物理、数学、工具使用的多元经验。循证式评价是师幼在教育情境的共时、共历、共建中产生的，诠释了生命成长的意义。

表1 "幼儿与材料互动情况"观察倾听记录表（木工区）

教师设问	1. 是否要教会幼儿使用工具的技巧？	2. 重复玩"锯木头"有没有价值？	可能性学习经验
幼儿语言	木头看起来很硬，但是锯子比它更硬。	木头和锯子一起，木头被磨成屑了，锯子没有。	物理属性比较
	这个工具上面有数字，应该不是用来锯木头的。	木头刚开始很好锯，锯到一半就锯不动了。把木头翻过来，就很好锯了。	观察与推理 解决问题
	这个工具可以打洞，如果我一直不停地转，就可以把木头钻出一个洞。	锯子只能锯，不能用力掰，我想用锯子掰断木头，但是锯子断了。	工具使用

未来时代是一个高变化、高竞争和高创造性的世界，全民族创造能力水平决定着国家的繁荣昌盛，时代急切呼唤更多创造性人才，这促使我们在学前教育阶段开启创造教育实践。幼儿创意学习课程不仅追求幼儿当下的生活质量，也着眼幼儿未来的发展。幼儿创意学习课程新样态的建构，是对创造教育精神的传承，更是在新时代教育改革背景下展开的适宜性改造。正如陶行知先生言"以实验为主，则施教育而教育新，施之万物而万物新"，创造精神应当成为教育者之精神。

参考文献

[1][2][4][7][12][14][16][18][19][21][23][25]陶行知.中国教育改造[M].北京：商务印书馆，2017：5，247—253，247，186—187，171，105，257，261，186—191，188，196.
[3]李季湄，冯晓霞主编.《3—6岁儿童学习与发展指南》解读[M].北京：人民教育出版社，2013：11.
[5]田友谊.创造教育环境研究[D]，华中师范大学博士学位论文，2007：19—41.
[6]陈向贵，杨永锋.创意与创意能力[C]，国际创造学学术讨论会论文集，2006（8）
[8]王忠民.幼儿教育辞典[M].北京：中国大百科全书出版社，2004：113.
[9][24]徐明聪.陶行知创造教育思想[M].安徽：合肥工业大学出版社，2013：66.
[10][11]陈栩.创意学习——一种重要的幼儿成长方式[M].南京：南京师范大学出版社，2021.
[13]皮亚杰，英海尔德.儿童心理学[M].吴福元译.北京：商务印书馆，1980：5.
[15][17][20]陈栩.幼儿园创意实习场体系的设计[J].早期教育，2019（7）.
[22]廖军和，曹丽.中外学前教育简史[M].合肥：安徽大学出版社，2018：104.

"四管"齐下，让语文教学充满思维张力 [*]

张小秋

摘　要：语文课堂教学中培养学生的思维能力尤为重要。目前课堂教学中往往存在流于表面、不够全面、不能深入、不会变通等问题。如何培养学生的思维能力，让语文教学充满思维张力？应当在教学中实施"教给方法，在主动学习中理解内容以增强学生思维的灵活度；强化语用，在语言实践中提高能力以拓展学生思维的广泛度；比较发现，在深度学习中活跃学生思维以挖掘学生思维的深刻度；以读为本，在朗读感悟中理解课文内容以提升学生思维的美感度"等指导策略。

关键词：小学语文；课堂教学；思维培养；指导策略

"思维能力"是语文课程的核心素养之一。语文课堂教学中，培养学生的思维能力尤为重要。《义务教育课程标准（2022版）》[以下简称"新课标（2022版）"] 指出："在真实的语言运用情境中，通过积极的语言实践，积累语言经验，体会语言文字的特点和运用规律，培养语言文字运用能力；同时，发展思维能力，提升思维品质……全面提升核心素养。"[1]语文素养的形成是整体性的，包括学生的阅读习惯、知识储备、审美情趣、语言感悟能力、分析理解能力、写作表达能力等。语文不仅是一个"蓄力"的过程，更是一个"融汇"并逐渐"抒发"的过程，这一"蓄"一"发"，都需要老师引导学生去体验、去深思、去实践。

学生在思维过程中遇到的种种问题阻碍了语文学习的进程，教师教学中往往在这些问题的引导上花费不少的时间，最后却仍收效甚微。如何引导学生思考，如何将思维更完整深入，更融会贯通，这真是一大难题。怎样将这"瓶颈"中的障碍一一扫除更是当务之急。在教学过程中，针对以上问题，笔者进行了大胆尝试，多管齐下，精准实施教学，主要采用了如下四大探索策略：

一、教给方法，在主动学习中理解内容——增加思维的灵活度

"读活"的过程，就是不断发现、不断开采、不断品味、不断"挖掘"的过程，增加思维的灵活度，多角度思考，多方位理解，这就要求学生在理解课文内容的基础上，对信息进行整合，最后得出结论，促进其自主学习。这是阅读能力的进一步发展，更多的是对阅读过程中逻辑思维能力的训练，实现语言和思维发展的同步。

1. 词语理解

词语理解的"灵活度"能够帮助学生拓展字词的意思，丰富字词的引申义，有助于更好地理解课文内容。驾轻就熟地引导学生关注文章的言语表达，让他们感受轻快跳跃的词语适合表达活泼顽皮的性格，轻缓柔和的词语适合表达浪漫诗意的画面，简洁扼要的词语适合表达深刻独到的道理。

教师在教学《慈母情深》一文时就很好地营造出了师生共同成长的氛围。教师引导孩子们说一说"皲"是何意？"裂"又是何意？孩子回答："皮肤因寒冷而干燥，裂是裂开。"教师顺着孩子的意思进行补充："看到母亲的手是这个样子，你有什么感受？梁晓声又会有怎样的感受？"接着老师引导孩子们："皲裂的手奠定了整篇文章的情感基调，牵动学生的内心情感，将母亲为了生活操劳的画面浮现了出来，让学生有身临其境的感受。"孩子们在沉思中学会了带着问题主动思考。

---

* 本文系江苏省无锡市教育科学"十四五"规划2022年度课题"'双减'背景下，评价导向的小学语文作业设计行动研究"（项目编号H/C-c/2021/01）阶段研究成果

作者简介：张小秋，江苏省无锡市太湖实验小学一级教师。

2. 问题整合

问题整合上的"灵活度"可以联系整篇文章内容，梳理主要脉络，有助于激发学生主动思考的习惯。在教学《威尼斯的小艇》第二课时时，教师让孩子们预习完课文，整合出了这些问题："请同学们自由读一读课文的第5、6自然段，想想小艇与人们生活有哪些联系？""白天的威尼斯如此热闹非凡，那夜晚的威尼斯给你带来什么样的感受呢？"这些问题串联起来，就要求学生在理解课文内容的基础上对信息进行整合，才能有较清晰的结论。

教师接着提问："前面写船夫划船技术高超、人们乘船体验舒适等内容都只用一个自然段来表达，这里的描写却分成两段来写，为什么不把它们合在一起呢？这其中到底蕴藏着怎样的奥秘？"孩子们需要通过对比思考，经过一番努力才能够回答出来，"这是动态描写与静态描写相结合的手法"。这样于无形中训练了孩子的语文概括能力和问题整合能力。

从词语和问题这两个"灵活度"的不同角度来看，既可以从词语的深入理解上增加思维的灵活性，也可以从问题的整合上增加思维的灵活性。当学生对文本初步了解后，就需要教师好好引导他们更加深入地走进文本，这样才能让我们的孩子在主动学习和主动理解中学会语文学习。

二、强化语用，在语言实践中提升能力——开拓思维的广泛度

"语文课程是一门学习国家通用语言文字运用的综合性、实践性课程。"[2]"语言文字的运用，包括生活、工作和学习中的听说读写活动以及文学活动，存在于人类社会各个领域。"[3]思维仿佛就是一个无底之洞，它深邃而深沉。在课堂上，经过我们的思考提炼，可以将一本厚厚的书，凝练汇聚成简短的一段话；也可以将一页薄薄的纸，品味塑造出无限的遐想空间，从而开拓思维的广度。

1. 解词成句

在教学《威尼斯的小艇》一文时，老师出示了一个成语"纵横交错"，它是什么意思？待孩子们说出自己的看法后，老师补充提问："横的竖的交叉在一起，并且指出引申义是形容事物或情况十分复杂，交叉点很多。你能将这个成语放到具体语境中吗？"这一环节注重了语言的实践运用，这样整体意思就清楚了。"那成语中'纵''横''错'分别指的是什么意思？"这个问题指向了语文基础知识中对关键字词意思的理解，老师接着启发孩子"纵"为南北方向，"横"为东西方向，"错"指的是杂乱。顺带着将字的古义也渗透了进来。潜移默化中开拓了思维的广度。

教师在引导学生感受静态描写后，接着追问："这句话中，有个词直接点出此时水面的静了，你找到了吗？"孩子回答后老师补充："这段话中还有一个词，比'沉寂'还要静，请你圈一圈。沉寂一般侧重于从原先有声音的情况下转入特别安静的状态。而静寂形容安静到了极点，安静的程度更深。"词语的细微差别就能让我们感受到作者用词的精准。教师再提问："你能用'沉寂'说一句话吗？"由词到句层层递进，于抽丝剥茧中见功力。

2. 触景成文

"语言文字学习并不是仅仅学习课本上的知识，更重要的是语言文字实践。这个实践既包括语言实践，如朗读、会话、演讲等，也包括写作实践。没有语言实践与写作实践，是学不好语文的。"[4]一节体育课下课后，笔者带着孩子们走进教室，但他们都站在门口一动不动。原来教室飞进来一只可爱的小鸟。这时，笔者就筹划如何利用这一素材拓宽学生的写作思维，立马命题："从小鸟的奄奄一息中想象开去……"

甲同学写道："可怜的小鸟在教室里飞来飞去，一会儿撞到门，一会儿撞到窗户玻璃，估计它快晕了吧！"笔者于是引导："那你们有什么话想对这只鸟说的吗？"乙同学站起来说："从盲目乱飞中感受到了做人做事不能鲁莽。"丙同学补充道："就如我们写作业时，也要理清头绪再动笔写。"这是孩子们在小鸟飞进教室后对它的行为结果进行了分析。

第二天还有学生关注这件事情，早上打扫卫生的时候，有小朋友惊叹起来："张老师，我发现了这只小鸟，它已经奄奄一息了，身上还有一点儿温度。"笔者顺势引导学生："这两天一只小鸟闯进了我们的班级里，后来怎么也没法飞走，撞晕了、饿坏了，估计它也活不了了。"孩子们议论纷纷："多么可怜的鸟儿，它一定很想念妈妈吧？如果能重新回到大自然中去该是一件多么幸福的事！"质

朴的语言，真挚的情感就在这引导中连缀成文了。"小鸟也是有生命的，我们应该爱护他们！"还有的说："我们应该与小鸟们平等相处……"这是孩子们从情感的角度出发来抒发观点。在这个偶发情境写作故事中可见，不同的立意和主题会产生不一样的发散思维。我们应当适时引导，学着放手才能放飞学生的思维！

三、比较发现，在深度学习中提升思维——挖掘思维的深刻度

深度学习，深入比较，可以帮助学生体验成功、获得发展。在这个过程中，学生掌握学科的核心知识，理解学习的过程，形成内在的学习动机和积极的态度。学生可以在人物对比、事件对比、景物对比、事物对比、情感对比中去深入体会。笔者主要从"景物对比"和"事物对比"这两个方面中来阐述如何提升学生深刻的思维能力。

1. 景物对比

教师在教学《落花生》一文时，让学生在读中思，在思中写，边读边思，边思边写。学生们开动脑筋，发现特点，从发现中深入思考、理解内化。课堂进行中，教师将课文前两个部分分析妥当，让学生了解到前面概括写了种花生、收花生、吃花生，随后再来看第三部分，聚焦到第十自然段："这一段共有几句话？都在写什么？"学生一下子就找到了这一段落的写作重点——议花生。然而，这并不是目的，目的在于让学生去发现文章是怎么来写花生虽不好看，却很实用的品质的。

教师继续发问："这些文字都是写花生的好处，比较一下，它们有什么区别？"学生读文字，边读边思考。"区别在哪里呢？"答不出来，多读几遍。慢慢地，学生们恍然大悟——原来，前面的语言是直接正面描写，后面的语言则是侧面描写，一样都是表现出花生的实用，可是表现的手法却迥然不同。

"那后面的文字在写什么呢？"显而易见，写的是桃子、石榴、苹果，都有一个特点——不，是除了花生外的大部分果树均是如此，只讲体面。诸多的文字就是为了列举其他果树的例子对比突出花生朴实无华的特点，单单是花生的实用价值，就能通过不同的方法和形式来描写，写得言之凿凿，让人心悦诚服。

学生在课堂上思维敏捷，均能抓住文章要点和写作特点，若老师的教学在这里戛然而止，那么学生的学习能力就得不到有效提升，学生的思维也就停滞不前，没有突破。根据课堂上学生的学习和接受情况，老师便不失时机地设计了一个写作运用的环节。

2. 事物对比

既然学到了对比的写作手法，就要举一反三，学以致用。我们在平时的教学实践中，应该鼓励学生深度思维，学着将好的词句拿来用一用，将巧妙的句式、构思借来仿一仿……在这一思、一用、一仿的过程中，学生就会慢慢提高自己的语文能力，渐渐地迸发出新的思维火花。

"我们能不能也用对比的手法来改写第十节呢？"教师出示："_____好处很多，有一样最可贵。它的_____，不像_____。你们看_____。"学生纷纷改写，在之后的全班交流中学生更是畅所欲言，改写内容精彩纷呈。在同学们的烘云托月之下，花生默默无闻、不计名利的形象跃然纸上，生动而深刻。

教师在课堂上抓住不同香气之间的对比，以及樟树与石榴树之间的对比，引导学生挖掘思维的深度，不露痕迹却又鞭辟入里。"深度教学不是一种教学策略、教学方法或教学手段，而是一种教学理念。深度教学理念倾注了对学生发展丰富性的要求，凝聚了对学生生命成长的关注，渗透着对课堂教学发展性品质的追求，指明了未来课堂改革的真正方向。"[5]

四、以读为本，在朗读感悟中理解课文内容——寻找思维的美感度

课文需要在反复朗读中才能逐步揣摩其中含义，理解文本内容的同时感受课文丰富的语言魅力，思维的美感度就蕴藏在这一读一悟当中。

《草原》是一篇文辞优美的散文，文字美、语言美，连想象都是美的。但是，仅从这一个个字符中就体会到美，似乎有些不切实际。一瓶上好的陈年美酒，要品其味；一篇充满诗意的文字，要品

其美。美的事物，是要"品"的，如何品出美来，那就依存于读，在读中思考。

初读课文，孩子们都觉得作者写得好，这自是当然！老舍是何人？著名的现代文学家，有"人民艺术家"之称！可是，孩子毕竟是孩子，他们认为写得好的不一定就是美的，不会美到惊艳，不会美到念念不忘。而教师如果就止步于学生的"写得好"的话，那么学生对于这篇课文就永远只停留在"这是一篇名家写的好文章"上。那么，教师的教学就是失败的。

让我们再读文章吧。透过文字，我们又看到了些什么呢？有天空，有小丘，有平地，有羊群，有骏马……还有驻足沉浸其中的——"我"。

然而，罗列这些景物何其简单，何其平常，哪来的美感？望着学生们悻悻然的表情，笔者知道思维并不能在这里停留，需要推陈出新。

那"我"为何沉浸其中？这是一个反向思维，使"我"，使我们沉浸的正是之前我们在文字中看到的任何物，任何景，于是笔者更进一步追问：那"比别处的更可爱"的天是怎样的天？竟然比别处的更可爱？学生一下就明白了：那儿的天特别的蓝，那儿的天特别的干净，那儿的天特别的广阔，那儿的天特别的高远……多美啊！读一读！思维的美感度就在反复品读感悟中显现。

那"绿毯上"移动着的朵朵"白色绣花"——那是怎样的绿毯？那是一碧千里的绿毯，那是一望无际的绿毯，那是翠色欲流的绿毯……那移动的"白色绣花"是什么？是羊群！可是我们却说是——"白色绣花"。笔者马上提出一组句式：那朵朵"白花"忽＿＿＿＿忽＿＿＿＿，（孩子说：忽隐忽现）忽＿＿＿＿忽＿＿＿＿，（忽上忽下）忽＿＿＿＿忽＿＿＿＿，（忽快忽慢）……多美啊！读一读！想象中的思维是有美感度的，它能让我们脑海中浮现一幅幅美如画的图案，心生向往之情。

于是，那"只用绿色渲染，不用墨线勾勒的中国画"、那静立不动的骏马和大牛……写得都是那么美，充满诗情画意，学生在富有层次的思维引导下，读着，品味着。一切的美景都汇聚到了老舍的文字之中，汇聚到了我们的心中，让我们爱上这片草原。

在一遍遍情感朗读中，学生透过简单的语言文字，看到了一幅辽阔、美丽的画卷，将简短的文字读得丰厚，为思维的美感度提供了表达支架。

思维好似那一片广阔无垠的天宇，它奇妙而广博。那"天宇"中一颗颗闪耀的"星辰"正仿若那不时闪现的思维火花；那一个个不同形态的"星系"就好像是一个个不同的思维方式，而那"天宇"还在不断地向更远、更深处扩展。

德国著名思想家、作家歌德曾说过："我们的生活就像旅行，思想是导游者；没有导游者，一切都会停止，目标会丧失，力量也会化为乌有。"[6]在语文课堂教学中，需要我们给学生留足思考的时间，建构基于语文核心素养的课程目标，让他们在思考与训练中掌握语文知识，学会思考、探究方法，促进每位学生提升语文能力，感受语文魅力，形成语文素养。

以读为本，教给方法，比较发现，强化语用，让语文教学充满思维的张力，为学生思维的发展插上腾飞的翅膀！

参考文献

[1][2][3]中华人民共和国教育部.义务教育语文课程标准（2022年版）[S].北京：北京师范大学出版社，2022.

[4]课程教材研究所组织编写义务教育语文课程标准修订组编写；郑国民，李宇明主编.义务教育语文课程标准（2022年版）解读[M].北京：高等教育出版社，2022：40.

[5]郭元祥，刘国平.学科育人：深度教学的行动研究[M].福州：福建教育出版社，2020：38.

[6]歌德.浮士德[M].北京：人民文学出版社，2003：3.

《陶行知学刊》征稿启事

　　《陶行知学刊》是由上海市教育委员会主管，上海行知教育促进会主办，上海行知教育研究所、上海师范大学基础教育发展研究院协办，上海中西书局出版发行的教育类集刊，主编陶侃。本集刊为季刊，3、6、9、12月出版，国内外发行，是中国知网、国家哲学社会科学学术期刊数据库，万方、维普、龙源数据库来源期刊。

　　本集刊的办刊理念为"三坚持"，即坚持正确的政治方向，坚持高尚的文化品位，坚持鲜明的办刊特色，努力成为学陶、师陶、践陶的重要载体和传播平台。主要栏目有陶行知研究、本期专题、教育前沿、校（局）长论坛、调查与报告、教育管理、教育改革与发展、课程与教材、学科教学、学校文化、陶馆工作、学前教育、家庭教育、职业教育、特殊教育、研究生专栏、地方专栏、陶研动态等，每篇字数以3000—5000为宜。来稿一律采用WORD文档方式发送，投稿信箱：taoxzxk@163.com，需附摘要（200字左右）、关键词（3—6个），文末注明作者真实姓名、单位、职务职称（含与教育相关的主要社会职务）、联系方式（手机号、邮寄地址、邮编）。

　　本集刊向陶行知研究专家、教育行政部门官员、教育科研机构人员、各级各类学校和教育机构的教学工作者及关心陶行知研究的各界人士征稿。

　　本集刊稿件处理时间为3个月，在此期间，请勿一稿多投；作者在3个月内未接到用稿通知，可自行处理。本集刊对采用的稿件有权进行修改、删节。

　　欢迎来稿，欢迎订阅，欢迎合作！

图书在版编目(CIP)数据

陶行知学刊. 2024.1 / 陶侃主编. —上海：中西
书局，2024
ISBN 978-7-5475-2246-2

Ⅰ.①陶… Ⅱ.①陶… Ⅲ.①陶行知(1891-1946)
－教育思想－研究　Ⅳ.①G40-092.6

中国国家版本馆 CIP 数据核字(2024)第 064916 号

陶行知学刊 2024(1)

陶　侃　主编

责任编辑　马　沙
装帧设计　杨钟玮
责任印制　朱人杰

出版发行　上海世纪出版集团
　　　　　　 ®中西書局(www.zxpress.com.cn)
地　　址　上海市闵行区号景路 159 弄 B 座(邮编：201101)
印　　刷　上海商务联西印刷有限公司
开　　本　889 毫米×1194 毫米　1/16
印　　张　7
字　　数　216 700
版　　次　2024 年 3 月第 1 版　2024 年 3 月第 1 次印刷
书　　号　ISBN 978-7-5475-2246-2/G·773
定　　价　50.00 元